대치동
시크릿
자녀 교육법

대치동 시크릿 자녀 교육법
첫 단추부터 잘 꿰어야 지름길로 갈 수 있다

초 판 1쇄 2024년 08월 26일

지은이 김민정
펴낸이 류종렬

펴낸곳 미다스북스
본부장 임종익
편집장 이다경, 김가영
디자인 윤가희, 임인영
책임진행 안채원, 이예나, 김요섭

등록 2001년 3월 21일 제2001-000040호
주소 서울시 마포구 양화로 133 서교타워 711호
전화 02) 322-7802~3
팩스 02) 6007-1845
블로그 http://blog.naver.com/midasbooks
전자주소 midasbooks@hanmail.net
페이스북 https://www.facebook.com/midasbooks425
인스타그램 https://www.instagram.com/midasbooks

ⓒ 김민정, 미다스북스 2024, *Printed in Korea*.

ISBN 979-11-6910-776-1 03370

값 18,500원

미다스북스는 다음세대에게 필요한 지혜와 교양을 생각합니다.

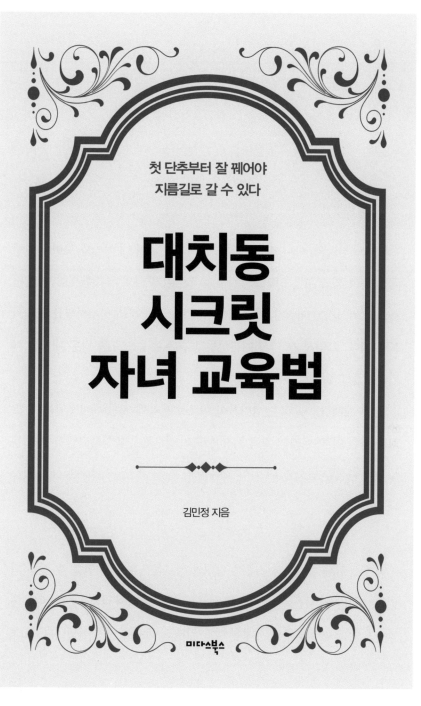

첫 단추부터 잘 꿰어야
지름길로 갈 수 있다

대치동
시크릿
자녀 교육법

김민정 지음

미다스북스

서문

  오늘도 전국의, 아니 전 세계의 수많은 엄마들이 내 아이를 보며 찬란한 꿈을 꾸고 있습니다. 그리고 '혹시나 내 아이가 나의 부족함으로 인해 남들에게 뒤처지면 어쩌나.'라는 불안감에 전전긍긍하며 하루하루를 보내기도 합니다. 그렇게 저 역시 여러분들과 같은 마음으로 꽉 막힌 대치동 사거리를 뚫고 있습니다.

  왜 전 세계적으로 많은 엄마들이 이토록 교육에 열광하는 것일까요. 코로나 시대 이후, 온라인 교육 시장과 교육 정보들이 활성화되면서, 이제는 누구나 관심만 있으면 내 아이 교육을 잘 시킬 수 있는 시대에 살고 있습니다.

  꼭 학군지가 아니더라도 좋은 강의와 정보들을 손쉽게 얻을 수 있게 되었고, 대치동의 좋은 학원들 또한 전국구, 세계로 퍼져 나가고 있기 때문에 바야흐로 교육의 평준화 시대에 살고 있다고 해도 과언이 아닙니다. 도대체 자식이란 부모에게 어떤 존재이기에 다들 이토록 헌신하는 것일까요.

이 책을 집필하면서 또 한 번, 엄마의 위대함에 대하여 생각해 보는 계기가 되었습니다. 저 역시 엄마가 되지 않았다면 누군가를 위한 희생이라는 단어가 참으로 무색한 삶을 살았을 것 같습니다. 생각해 보면 자식은 부모에게 참으로 신비스러운 존재가 아닐 수 없습니다. 제 삶의 태도를 180도 변하게 만들었으니까요.

이 책은 단순히 대치동의 교육 노하우 전달을 위한 목적만은 아니며, 교육의 본질에 대해서 여러분들과 함께 고민해 보고 싶었던 마음이 가장 컸던 것 같습니다. 평범한 아이들도 얼마든지 추후 노력에 따라서 상위 1% 안으로 진입할 수 있다는 것을 보여드리고 싶었고, 세대가 거듭돼도 결코 변치 않는 교육의 기본에 충실하고 싶었습니다.

어린아이의 엄마들은 저마다 희망으로 똘똘 뭉쳐서 내 아이의 모든 것에 대해 기대에 찬 눈빛으로 하루하루를 버텨나갑니다. 하지만 아이가 점점 커갈수록 현실의 벽에 부딪히기도 합니다. 그렇게 한 번씩 좌절도 하게되고, 또다시 극복해 나가는 과정들을 반복하면서 서로 성숙해 나가는 것같습니다.

처음에는 저 역시 넘쳐나는 정보들에 휩쓸리면서 갈팡질팡하는 엄마였습니다. 사교육 시장에서 종사해 봤음에도 불구하고, 막상 내 아이에게 닥치니 냉철한 눈으로, 객관적인 시각으로 모든 상황을 바라보기란 쉽지 않은 일이었습니다. 그렇게 많은 시행착오를 거치면서 여기까지 도착했습니다.

사람이 실수하는 이유는 잘 모르기 때문입니다. 인생을 조금이라도 먼저 살아 본 선배 엄마로서, 후배 엄마들에게 조금이라도 도움이 되었으면 하는 마음에서 이 책을 집필하게 되었습니다.

저의 조언으로 인해 부디 여러분들은 시행착오를 최대한 줄이시고, 목적지까지 안전하게 도착할 수 있기를 소망합니다. 아이의 공부력을 키우기 위해서는 어린 시절을 잘 보내는 것이 중요합니다. 아이들의 뇌는 참으로 신비스럽기 때문에 부모님의 노력에 따라서 충분히 더 발달될 수 있습니다.

어린 시절, 뇌 발달을 위한 교육을 제대로만 해준다면, 아이들은 누구나 발전 가능성이 있습니다. 전 세계적으로도 여러 가지 사례들을 통해서 평범한 아이들도 얼마든지 똑똑해질 수 있다는 것을 직접 눈으로 확인했습니다.

그렇게 제가 아이들을 직접 가르치고, 제 아이를 키우면서 느낀 점들을 고스란히 이 책에 담았습니다. 아이가 어린 시절에 가장 중요한 것은 엄마와의 애착 형성, 뇌 발달, 독서, 이 세 가지로 귀결될 수 있습니다. 무슨 일이든지 첫 단추를 잘 끼워야 합니다. 그래야 그다음 과정들을 순탄하게 진행할 수 있습니다.

하지만 구체적인 그 이유를 알지 못한다면 수박 겉핥기식의 교육이 될 수밖에 없습니다. 그래서 엄마들이 이해하기 쉽도록, 최대한 핵심만 풀어내고자 노력했습니다. 모든 공부에는 동기가 필요하듯, 자녀의 교육에 신경 써야 하는 이유를 분명히 알아야 그 실천까지 명확하게 수행할 수 있기 때문입니다.

솔직히 엄마로서 내 아이에 대한 욕심이 생기지 않는다면 거짓말이겠지요. 아마도 입시가 끝날 때까지 초조하고 불안한 마음들은 계속될 것입니다. 한때는 완벽한 엄마가 되지 못함에 자책하고 스스로를 채찍질했습니다. 그런데 우리 아이들에게 정작 중요한 것은, 완벽한 엄마가 아니라 충분한 사랑을 표현해 주는 엄마가 아닐까요.

저희가 약해지면 아이들도 흔들릴 테니 오늘도 꿋꿋하게 버텨나가길 소망합니다. 힘들 때마다, 주저앉고 싶을 때마다 저는 제 아이를 한 번 더 꼭 끌어안기로 결심했습니다. 아이들의 우상은 엄마입니다. 그들에게 엄마는 우주이며, 슈퍼우먼이랍니다. 이는 곧, 아무도 알아주지 않아도, 컴컴한 터널을 버텨내야 하는 이유이기도 합니다.

  지금 이 귀한 시간 동안 내 아이를 충분히 사랑해 주세요. 저 역시 항상 첫 마음을 잊지 않고 살아가겠습니다. 네 엄마라서 참 행복하고, 고맙다고, 제 아들에게 무한 고백을 하면서 살아가겠습니다. 그렇게 내일은 오늘보다 더 나은 엄마가 되고 싶습니다.

너무 빛나지 않아도 괜찮다

김민정

너는 네 존재만으로도
이미 충분히 제 역할을 다했다

너로 인해 사랑을 알았고
내가 이 세상에 존재하는 이유를
깨닫게 되었으니

그저 그 자리에
그렇게 사랑으로 남아 있자

너는 단지 그것으로 충분하다

빛나려고 애쓸수록
빛바래지는 네 순수함에
나는 오늘도 마음이 아프다

우리가 공부하는 목적은 무엇일까요? 목표를 향해 한 걸음 더 다가가고
보다 나은 삶을 꿈꾸기 때문이겠지요. 아이들은 입시라는 커다란 관문을
하나씩 넘어갈 때마다 더 많은 성장을 하게 될 것입니다. 그렇게 우리 아
이들이 지금보다 더 단단한 마음으로 세상에 임할 수 있기를 소망합니다.

이 글을 쓰면서 울고 웃던 지난날이 떠올라서 또 한 번 제 가슴을 많이
적셨습니다. 그 시절의 제가 너무 짠하기도 하고, 참 애틋했기 때문이었
어요. 이 길 끝에서 환하게 미소 짓는 여러분들과 저의 모습을 그려보면서
지금부터 그 서문을 열어보고자 합니다.

2024
김민정

목차

서문 • 004

시크릿 1 첫 단추부터 잘 끼우는 부모의 비밀

방심할 수 없는 대치동의 쫄깃한 매력 • 017

유치원부터 입시의 출발선이다 • 024

36개월 애착, 성인까지 연결되다 • 032

5세부터 시작되는 영어유치원 입시 전쟁 • 040

대치동 엄마만의 특급 영어 교육 • 044

사고력 교육의 중요성 • 047

사교육 없이 한글 떼기 • 056

엄마표 글쓰기 전략 • 061

음악 교육으로 스트레스를 관리하자 • 066

공부 잘하는 아이 엄마들의 특징 • 070

시크릿 2 상위 0.1%로 도약하는 비결

골든 브레인, 적기교육의 중요성   • 077

영유아기 독서를 통한 뇌 발달   • 081

아이 연령별 독서 전략   • 087

아이들과 우리가 독서를 하는 이유   • 090

공부 연결 독서법   • 096

꾸준한 수학 공부의 비밀   • 101

선행학습은 아이 깜냥껏   • 103

사춘기의 뇌를 알아야 슬럼프를 예방한다   • 108

극상위들이 가지고 있는 그릿, 근성   • 113

자신감, 자존감의 중요성   • 119

자기주도학습이 전교 1등을 만든다   • 124

동기부여의 중요성   • 132

시크릿 3   외국의 시크릿 교육법을 벤치마킹하다

우리나라의 영재교육 • 139

미국의 영재교육 • 142

암기교육의 중요성 • 149

인도의 교육에서 배운 암기법 • 152

핀란드 교육에서 아이들의 가능성을 보다 • 157

조기교육의 중심 싱가포르 • 161

유대인에게 배우는 하브루타 교육 • 163

미래의 직업변화와 고교학점제 • 165

시크릿 4   입시는 마라톤이다

소신껏 내 아이를 믿어주자 • 173

시절인연에 집착하지 말자 • 179

돼지엄마만 졸졸 따라다니지 말자 • 181

내 아이 객관화의 중요성 • 185

학군지에서 좋은 인연을 찾아내는 노하우 • 189

입시, 초등이면 아직 늦지 않았다 • 194

끝까지 과정을 즐기는 입시가 되길 • 199

시크릿 5 전지적 대치동 엄마 시점

공생관계가 되어야 한다   • 205

시샘하지 말자   • 212

분위기 파악을 하자   • 217

사춘기는 내 아이에게도 찾아온다   • 223

인간관계, 진정성은 기본이다   • 225

공주병을 조심하자   • 228

유난히도 비밀이 많은 학원가   • 235

에필로그 아이와 동반 성장하는 엄마가 되자 • 241

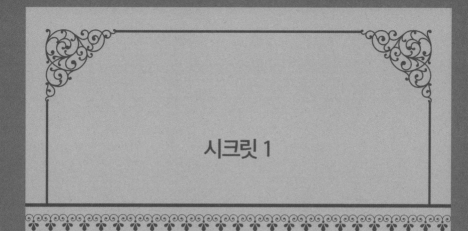

시크릿 1

첫 단추부터 잘 끼우는
부모의 비밀

방심할 수 없는 대치동의 쫄깃한 매력

———◆◆◆———

대한민국 교육 특구 대치동. 강남 학교와 학생들이 모여드는 이곳은, 지역의 특수성답게 대부분이 교육에 대한 관심으로 그 열기가 아주 뜨겁다.

그렇다면 그들이 대치동으로 몰려드는 이유는 과연 무엇일까? 이곳은 강남 8학군의 학교들이 밀집해 있기 때문에 명문대 진학률이 매우 높다. 지리적으로도 강남구에 위치해 있기 때문에 교통이 편리해서 주말이나 방학만 되면 교육에 관심 있는 부모님들과 학생들이 전국 각지에서 이동하기 수월하다는 장점이 있다.

학원들은 입시 변화에 대한 발 빠른 대응으로 고객의 니즈에 맞게 끊임없이 노력한다. 교사들이 도태되지 않기 위해 끊임없이 수업 커리큘럼을 연구·개발하기 때문에, 엄마들이 학원에서 느끼는 만족도가 상당히 높다. 이곳의 궁극적인 목표는 결국 대학입시다. 아이들은 태어나자마자 조기교육에 눈을 뜨기 시작하고, 그중 일부 그룹은 어릴 때부터 엘리트 코스에 맞춰서 하나씩 미션을 수행하기 시작한다.

아이들은 유치원 시절부터 여기저기 타이트한 스케줄을 소화해 내느라 너무 바쁘고, 엄마들은 각자의 방식으로 내 아이의 학습 매니저 역할을 아주 잘 수행하고 있다.

이때, 정해진 코스를 벗어나지 않기 위해서 가장 필요한 것은 엄마의 정보력이다. 입시에 있어서 정보력은 내 아이의 인생을 좌지우지할 만큼 아주 중요하다. 물론, 정보력이 훌륭하다고 해서 모두 다 대학을 잘 가는 것은 아니지만, 어느 정도의 시너지 효과를 줄 수 있는 것은 분명하기 때문이다.

나는 워낙에 이곳의 사교육 시장에서 종사했던 사람인지라, 대치동 시스템에 어느 정도는 익숙해져 버린 상태였지만 아이 엄마로서의 대치동 삶은 또 다른 신세계였다.

이곳에서 그렇게 아이를 키우다 보면 늘 가슴 한편에 불안한 마음을 지니고 다니기 마련이다. 제아무리 전교 1등 엄마라도, 영재 아이들의 엄마라도 다들 저마다의 고민과 고충들을 가지고 오늘도 버텨내고 있다. 거기에 아이들 사춘기까지 더해지면 다들 하루하루를 살아내는 게 녹록지만은 않다.

답답한 마음에 오늘도 산책로를 터벅터벅 걸으면, 온갖 상념에 사로잡힌 수많은 엄마들을 스치게 된다. 누군가는 잘하다가 갑자기 하루아침에 성적이 하락세를 보이기도 했을 것이며, 또 누군가는 쓴소리로 엄마들의 가슴을 후벼 팠던, 그렇게 가슴 아픈 오늘이었을지도 모른다. 이제는 굳이 말하지 않아도 눈빛만 봐도 서로가 서로를 느낄 수 있다. 그렇게 우리는 조금씩 동지애라는 것이 생기는 듯하다.

나만 힘들다고 생각하지 말자. 그렇게 누구나 저마다의 사연으로 쉽지 않은 상황들이지만, 단지 우리는 강해져야 하는 엄마이기 때문에 오늘도 꿋꿋하게 버텨내고 있을 뿐이다.

아이를 낳고 깨달았다. 내가 얼마나 형편없는 사람인지. 또 내가 얼마나 철없는 어른인지. 아이와 바닥까지 치고받는 감정싸움을 끝내고 나면 정말 너무 허무했다. '내가 이러려고 너를 그렇게 애써가면서 키운 거니. 그냥 대충 키울걸.' 그런 못된 마음부터 시작해서, 내가 이 아이를 위해서는 하늘의 별까지 따다 줄 수 있는 사람이었단 걸 느끼기까지. 정말 무수한 상념들이 소용돌이쳤다.

그 와중에도 멘탈을 잘 부여잡고 소신껏 묵묵히 자신의 일상과 삶을 지켜나가는 엄마들은 정말 대단한 인품이라고 생각한다.

처음 아이 교육을 위해서 대치동에 입성했을 때는 모든 것이 불안했다. '나는 대단한 부자도 아니고, 애도 처음 키우는데 과연 잘 해낼 수 있을까?' 그리고 상당히 전투적인 마인드로 첫걸음을 내디뎠다.

그렇게 정말 오랜만에 대치동에 들어온 나는 처음 2년 동안은 잘 적응하지 못했던 것 같다. 학원 간판들만 봐도 삭막하고, 버리고 온 새집이 몹시 그리웠다. 닭장 같은 낡은 아파트에서 십여 년을 살아야 한다니 참으로 갑갑했다. 예상한 일이었지만, 현실은 생각보다 더 암울했다. 엄마들은 눈만 마주치면 아이들 교육 얘기만 해대기에 바빴고, 그 안에 나는 없었다. 서로가 서로의 이름을 알지 못했고, 그저 누구네 엄마로만 소통했다.

아이가 아침에 학교를 가면, 부랴부랴 집 안 청소를 하고, 장을 보고 요리를 하기 시작한다. 그리고 남는 시간에는 교육 정보를 검색하기 시작한다. 많은 선배 엄마들의 강의와 학원 설명회 정보들을 검색하고, 그중에 끌리는 곳을 향해 예약 버튼을 누른다. 그러다 보면 잠시 후에 단톡방에서 엄마들의 카톡 향연이 펼쳐진다. 대화의 내용은 항상 '어느 학원이 좋아요? 어떤 선생님이 잘 가르쳐요?' 교육으로 시작해서 교육으로 끝나는 것 같다.

적당히 하루 루틴을 마치면 다시 침대로 들어가서 휴식을 취한다. 잠시 후에 아이가 돌아오면 난 다시 아들 시다바리로 돌아가야 하니까 에너지를 최대한 아껴두기로.

이 모습 참 익숙한데 어디서 봤더라? 기억을 더듬어보니 나는 우리 친정 엄마의 모습 그대로 살아가고 있었다. 보고 크는 것이 참으로 무섭다는 것을 뼈저리게 깨닫는 순간이었다.

친정엄마는 우리를 학교에 보내면 늘 소파에서 휴식을 취하곤 하셨다. "엄마는 왜 엄마 일이 없어? 엄마는 취미 운동도 안 해? 난 엄마처럼은 안 살 거야!"라고 늘 바른말을 잘하던 나는, 어른이 된 지금에서야 친정엄마의 심정을 이해할 수 있었다. 엄마도 그저 아이 둘을 키워내는 일들이 힘들었던 것뿐이다. 게을러서도 아니고, 그저 잠시 짬 내서 쉬고 싶었던 마음이었을 거다.

생각보다 집안일은 단순노동이었으며, 피로한 일이었음을 깨닫는다. 그렇게 힘든 삶 속에서 유일하게 내가 나를 지키는 방법이 휴식 아니었을까. 단지 밖에서 돈을 벌지 않는다는 이유로 엄마를 백조 취급했던 기억이 난다. 그리고 나 역시, 내 아들과 신랑에게 비슷한 소리를 들어본 적도 있다. 나는 엄연한 가사 노동을 하고 있는데 알아주는 사람은 아무도 없었다.

내 신랑은 삼식이라서 주말만 되면 삼시세끼를 가만히 앉아서 받아먹기만 하는데, 평일에도 오후 출근을 많이 하므로 주 3회를 두 끼씩은 해다 바쳐야 하는 일이 비일비재하다. 덕분에 나는 요리 금손이 되었지만, 어쩌다 하루 이틀쯤 밥을 못 해주고 시켜주면, 네가 나를 언제 챙겼냐며 이제까지 쌓아놨던 공든 탑을 무너뜨리기 일쑤였다. 정말 고구마 열 개 삶아 먹은 그 답답한 기분은 어떻게 설명할 길이 없었다. '이 길이 맞는 걸까. 앞으로도 계속 이렇게 살아야 하는 걸까.' 수도 없이 흔들렸다.

내가 아이를 잘 성장시킨 엄마들을 존경하는 이유는 바로 그러한 이유 때문이다. 이토록 외롭고 컴컴한 터널 속을 십 년 넘게 견뎌낸 전국의 모든 엄마들에게 오늘도 박수를 보내고 싶다.

대치동 시스템이란 게 원래 엄마들이 딴생각을 할 수 없게끔 일정 틀 안에 가둬 놓는 구조이기 때문에, 일단 그 동네에 발을 들이는 이상 대부분의 엄마가 부나방처럼 교육에만 몰두하게 되어 있다. 그렇게 어느 날부턴가, 올가미 안에서 다람쥐 쳇바퀴 돌듯 아이 성적 하나에 일희일비하고, 예민한 엄마로 살아가고 있는 나를 발견했다.

하지만 참 다행스럽게도 내가 남들과 달랐던 딱 한 가지 장점은 그 모든 상황을 즐기고 있었다는 점이다. 마치 롤러코스터를 탄 엄마처럼. 그렇게 조금씩 대치동 엄마들의 리그에 빠져들기 시작했다.

아이 성적이 잘 나오면 짜릿했고, 안 나오면 속상했지만, 그래도 항상 비슷하기만 한 삶보다는 다이나믹한 일상들이 나를 더 달리게 만들 수 있는 원동력이 되었던 것 같다.

마치 연애할 때도 잔잔한 연애를 싫증 내는 사람이 있듯이, 교육도 마찬가지였다. 아이가 항상 1등만 했어도 참으로 루즈한 일상이 아니었을까.

가끔 점수도 조금 안 나오고 속상한 감정들도 느끼면서 그렇게 다채로운 경험을 해야 엄마도 단조롭지 않은 일상을 유지해 나가는 것 같다. 역시, 사람의 긍정의 힘이 또 한 번 빛을 발하는 순간임을 깨닫는다.

그렇게 나는 대치동의 쫄깃함에 매력을 느끼고 있었다.

유치원부터 입시의 출발선이다

✦

영재교육, 사고력 교육, 의대 교육. 이 세 가지가 유초등 시절 대표적인 대치동의 키워드다. 일부 발 빠른 엄마들은 5세 영어유치원 공략이 끝나면 슬슬 수학을 달리기 시작하는데 이른 나이부터 아이들의 조기교육이 시작되는 것이다.

영어유치원에도 등급이 있어서 일찍 준비했던 친구들은 지능검사와 더불어 영어 영재유치원에 테스트를 보기 시작한다. 그 준비과정 역시 엄청나게 치열한데, 나 역시 사설 영재 교육원과 영어 놀이학교에 보내던 아이를 영재 영어유치원 입학 테스트라는 관문에 처음으로 올려놓기 시작했다.

과연 이제까지 독서를 통해서 엄마표로 성장시켰던 결과가 어느 정도일지 내심 궁금하기도 했던 터라 아무런 시험 준비도 없이 무작정 영어유치원에 데려갔는데, 한 번에 합격했다. 보통 영재 영어유치원을 준비하기 위해서는 브릿지 과외도 많이 받곤 하는데, 그렇게 해도 한두 번씩은 떨어지는 유치원으로 소문난 곳이었다. 붙었으니 일단은 아이 아빠를 설득해서 다녀 보기로 결심했다.

그 시험을 통해서 나는 또 한 번 독서의 위력을 실감했다. 그때까지 내가 했던 노력이란, 그저 꾸준한 영어독서와 DVD, 영어 동요 틀어주기 정도였기 때문이다. 자음과 모음의 원리를 통해서 한글을 떼고 난 후에 간단한 파닉스를 깨우치는 것은 제법 쉬운 일이었다.

뒤늦게 안 사실이지만, 그 당시에 그곳을 들어가기 위해 수많은 엄마가 과외를 시켜가며 엄청나게 애썼다고 한다. 결국 끝까지 낙방한 엄마들은 대입의 첫 관문을 미통과한 심정인 것처럼 그 스트레스가 말도 못 했다고 한다. 하지만 절대 그렇게 집착할 일은 아닌 것 같다. 특히, 영어는 입시가 끝날 때까지 절대 끝난 게 아니기 때문이다.

그렇게 영어유치원의 공략이 끝남과 동시에 사고력 수학 입학 테스트 준비가 시작됐다. 그 당시에는 사고력 수학 학원을 5세 말경에 시험 볼 수 있었는데 쪼꼬미들에게도 레벨이라는 것이 부여됐기 때문에 탑반에 들어가기 위해서 일부 엄마들은 기를 쓰고 준비하기 시작했다. 요즘에는 수학에 노출되는 시기가 더 빨라져서 영어유치원을 준비함과 동시에 놀이 수학을 병행하는 엄마들이 더 많아졌다고 한다.

나 역시 시중에 파는 사고력 교재를 사다가 아이와 차분하게 미리 풀어

보았고, 사고력 교구들을 가지고 끊임없이 수학 놀이를 해주었다. 그 당시에 나는 보드게임을 가지고 아이와 많은 시간을 보냈기 때문에 즐겁게 수학을 접하는 계기가 될 수 있었고, 덕분에 한 번에 탑반에 들어가는 영광을 맛 볼 수 있었다.

특히, 오르다, 가베, 펜토미노 등등을 많이 접하게끔 유도해서 아이의 수학적 사고력이 확장될 수 있도록 노력했다. 사고력 수학을 다니면서 7세부터는 각종 경시대회에도 참가하곤 했다. 해법 경시대회, 성균관 경시대회, 한국 수학 인증시험이 그 대표적이 예라고 볼 수 있는데 이러한 경시대회를 준비하다 보면 아이의 자존감 향상에도 많은 도움이 되곤 한다.

수많은 경시대회를 준비해 주는 학원들이 많이 존재하기 때문에 경시 시즌만 되면 수많은 팀이 삼삼오오 팀을 짜 와서 모의고사를 돌리기 시작했다. 이는 비단 대치동만의 모습은 아니었다. 지방의 소도시에서도 요즘엔 경시에 대한 관심이 엄청나서, 그 지역의 수학 똑똑이들은 누구나 한번씩 도전해 보는 시험이기도 하다.

실제로 대치동의 유명한 대형 학원들은 전국 각지에 퍼져 있기 때문에 바야흐로 교육의 평준화가 시작되고 있다. 관심만 있으면 얼마든지 우리 아이도 원하는 교육을 받을 수 있게 된 것이다. 정보가 부족해서 입시가 어려워요? 그것은 이제 옛말이 되어버렸다.

사고력 학원들의 전쟁이 한차례 끝나도 끊임없이 또 다른 커리(커리큘럼)와 입학 테스트들이 기다리고 있다. 어찌 보면 다소 맹목적인 게 아니냐는 의구심이 들 수도 있지만, 실제로 경험한 바에 의하면, 그러한 단기 목표들을 하나씩 이루어 나가면서 아이의 성취감과 자존감을 키워줄 수 있었다.

하지만 대입을 치른 선배 맘들이 항상 강조하듯, 입시는 멀리 봐야 하는 게 맞다. 단기 목표에 치중하다 보면 오히려 더 멀리 돌아가는 낭패를 볼 수도 있기 때문이다.

대치동엔 수많은 대형 학원들이 존재하는데, 나는 대형 학원들의 커리를 무척 신뢰하는 편이다. 솔직히 국어나 영어만 해도 한번 대형 학원에 올라타지 못하면 그 이후에 연계되는 다음 학원들을 진입하는 데에 꽤 어려움이 생긴다.

그만큼 대형 학원의 커리가 쉽지 않고, 매주 꾸준한 리뷰 테스트를 통해서 알게 모르게 엄청난 성장을 할 수 있기 때문이다. 그리고 이곳은 은근히 학원들 간의 커리가 긴밀하게 연계되어 있어서, 앞 과정을 잘 해내야 다음 과정 또한 잘 버텨낼 수 있기 때문이다.

지인 중에도 대형 학원을 초반에 올라타지 못했다가 중간에 들어오려니 시험이 너무 어려워져서 낭패를 겪었다는 사람들도 많았다. 이미 너무 많은 진도가 나가 있었고, 매주 리뷰 테스트를 진행한 상태라서, 따라잡기가 쉽지 않았던 것이다.

대치동은 초등 시절부터 각 대형 학원에 '의대반 커리'라는 타이틀이 생기기 시작하는데, 의대를 가기 위한 로열코스인 것처럼 너도나도 그 커리에 입문하고자 애쓴다. 대부분 최상위권의 최종 목표는 늦어도 중등까지는 수능 수학 점수를 일정 괘도 위에 올려놓는 것이기 때문이다.

이들이 특히 신경 쓰는 부분은 심화 수학이다. 사고력을 깊게 공부하는 이유도, 각 단원의 하이레벨을 꼭 풀어보고 넘어가는 이유도 심화 수학에 엄청난 가치를 두기 때문이다.

실제로 이곳의 고등학교 내신 문제들이 엄청나게 어렵기 때문에 심화를 하지 않은 학생들은 절대 1등급을 받을 수가 없다. 고로, 어렸을 때부터 심화 문제에 단련시키기 위해서 무척 애를 쓴다. 선행을 하는 이유도 어찌보면 제 학년 심화를 더 잘하기 위함이라고 볼 수 있다. 앞의 개념을 끌어다가 선행을 하고 나면 제 학년 심화들이 쉬워지기 때문이다.

그렇게 누군가가 수학 진도의 선두그룹에서 달리고 있으면 너도나도 질세라 따라붙기 시작한다. 정말 딴생각을 할 겨를이 눈곱만큼도 없는 동네 같다. 정신없이 스케줄이 돌아가고, 학원 수업을 한번 빠지게 되면 진도에 타격이 크기 때문에 방학 때가 아니면 외국 여행을 계획하는 것도 쉬운 일이 아니다.

기본적으로 수학은 대형 학원에서 정규반 수업을 주 2회 이상 진행하게 되며, 서브로 대형 학원의 숙제를 할 수 있는 맞춤학원을 병행하기도 한다.

때문에 수학 학원을 주 3회 이상 다니는 아이들도 많은데, 그럼에도 불구하고 그 사이사이에 국어, 영어, 과학까지 촘촘하게 스케줄을 다 채워넣는 대단한 미다스의 손들도 있다.

스케줄을 계획하고 움직이는 일은 엄마들의 미션이기 때문에 교육 매니저로서의 역할을 가히 훌륭하게 해내고 있다. 마치 연예인을 양성시키는 기획사의 매니저들처럼 아주 전략적으로 치밀하게 애쓰고 있으니, 연봉으로 치면 대기업만큼을 받아내야 하는 게 맞을 듯도 싶다.

그리고 순둥이 아이들은 대부분 그 스케줄을 묵묵히 잘 소화해 내는 편이다. 어렸을 때부터 워낙에 매일 먹던 밥인 것마냥 익숙해져 버려서 아이들의 공부량이 실로 엄청나고, 공부 그릇도 매우 큰 편이다.

하지만 이곳은 자신만의 소신과 결단력이 없다면 살아남기 쉽지 않은 곳이다. 아무리 남들이 한결같은 커리를 밟아나간다 해도 내 아이와 맞지 않으면 과감히 버릴 수 있는 용기가 필요하고, 가끔은 새로운 커리를 개척할 줄 아는 지혜도 필요하다.

전국적으로 사고력 수학 학원이 끝나고 초등 대형 학원에 입학하기 위해서 많은 노력을 기울이는데, 대치동에는 이미 진도가 빠른 아이들이 너무 많아서, 남들이 다 가는 그 학원을 건너뛰고 새로운 커리를 개척해서 달리는 엄마들도 은근히 많다. 그렇게 일찌감치 교과 선행을 하다가 KMO 수학을 시작하게 되고, 그 과정이 끝나면 다시 수능 수학 만점을 위해서 목표를 전환하기도 한다. 그렇게 그녀들은 오늘도 내 아이에게 맞는 최선의 전략을 고민하고 있다.

사고력 수학과 함께 주로 다니는 곳은 논술 학원이다. 아이들은 어렸을 때부터 국어 교육에도 열심이다. 수능에서 국어가 차지하는 비중이 엄청 나고, 의대를 가기 위한 필수 능력이라는 것을 이제는 모르는 사람들이 없기 때문에 읽고 쓰는 교육에도 심혈을 기울이고 있다.

논술 학원을 한차례 겪고 나면, 초4부터는 국어 학원의 공략이 시작되고, 입학 테스트를 거쳐서 입학을 시작한다. 여기서도 마찬가지로 레벨이 존재하는데, 과목마다 잘하는 아이들이 달라지기 마련이다. 하지만 그 와중에도 한결같이 모든 과목의 탑반을 차지하는 아이들이 있으니 가히 훌륭하다고 느낀다. 그리고 실제로 그런 아이들의 부모님들은 어디를 가나 선망의 대상이기도 하다.

아이들은 자존감으로 공부한다고 해도 과언이 아닌데, 특히 사춘기 때는 허세감이 몰려와, 어느 학원의 무슨 반인지가 상당히 중요한 역할을 해줄 때가 있다. 그리고 아이들이 그렇게라도 자존감을 채울 수 있다면 채워주는 것이 맞지 않나 그런 생각도 들었다.

대형 학원의 탑반을 가면, 장점은 비슷한 레벨의 친구들을 많이 만날 수 있다는 점이다. 그 속에서 적당한 경쟁심을 불러일으키고, 사춘기가 와서 자칫 해이해질 수 있었던 마음을 다잡기엔 또래 집단이 아주 좋은 동기부여가 될 수 있기 때문이다.

 그 길이 꼭 정답은 아니지만, 단지 또래집단의 시너지를 위해서 나 역시 일단은 그 대열에 합류하기로 결심했다. 그리고 적당한 시기가 오면 조금 더 자기주도학습 시간을 늘려줄 수 있도록 노력해야겠다고 계획하고 있다.

36개월 애착, 성인까지 연결되다

❖

아이가 태어난 후 36개월까지는 엄마와의 애착 형성이 매우 중요하다. 이 시기에 애착 형성을 잘해 놓지 않으면 훗날 성인이 되어 정서적으로 많이 힘들어질 수도 있으니 주의하도록 하자.

0~6개월의 애착 형성 노하우

애착 형성은 아이 뇌 발달과 정서발달에 영향을 끼친다는 연구 결과도 많이 나와 있다. 이 시기에는 아이의 울음에 엄마가 즉시 반응해 주는 것이 중요하다. 아이가 엄마를 찾을 때마다 안심시켜 주도록 노력하자. 특히 많이 안아주는 것이 중요하며, 모유 수유 중에도 수시로 눈 맞추며 아이와 정서적 교감을 해주어야만 한다.

나 역시, 수유를 하고 기저귀를 갈아주면서 정말 많은 스킨십을 했다. 15개월의 모유수유는 정말 힘들었지만 지금 생각해 봐도 후회 없는 육아를 했다고 자신할 수 있으니 그때의 내 선택은 옳았다고 믿고 있다.

모유 수유의 장점은 아이의 면역력을 강화해 주기 때문에 잔병치레를 덜 수 있고, 뇌 발달에도 상당한 도움이 된다. 오롯이 엄마의 품에 안겨서 모유를 빨아들이는 과정을 통해서 아이는 안정감을 느끼게 되고, 엄마 역시 출산 후에 빠르게 몸을 회복할 수 있다. 특히 유방암 같은 질병을 예방할 수 있기 때문에 나라에서도 적극 권장하는 바다. 이때 주의할 사항은 아이의 구루병 예방을 위하여 엄마가 골고루 영양을 섭취해서 모유 안에 비타민D가 충분히 포함될 수 있도록 하는 것이 중요하다. 적당한 산책을 통해서 충분히 햇볕을 쐬도록 하자.

"맘마 먹자." 하면, 함박웃음을 지으면서 막 기어 오던 아이의 그 모습은 지금도 잊을 수가 없다. 그 시절에 아이를 품에 안고 모유를 줄 수 있다는 것은 엄마의 또 하나의 특권이기도 하니 신체적으로나 환경적 조건으로 큰 무리가 있는 것이 아니라면 꼭 모유 수유를 해볼 것을 권장하는 바다.

기저귀를 갈고 나서 다리를 주물러 준다거나, 샤워 후 로션으로 꾸준히 온몸을 마사지 해주는 것이 좋다. 또한, 소화를 시켜줄 때 안아서 뽀뽀를 해주는 스킨십 역시 기본이다. 부드럽게 온몸을 어루만져 주도록 하자. 방긋 미소 짓는 아이의 모습을 매일 볼 수 있을 것이다.

또한, 태어난 지 얼마 되지 않은 아이는 청각이 예민하기 때문에 음악과 엄마의 목소리를 많이 들려주어야 한다. 동요를 틀어놓고, 아이를 안은 채 가볍게 춤추는 것도 아주 좋은 놀이 방법이 될 수 있다. 이때도 역시, 가장 중요한 것은 엄마의 시선 처리. 항상 아이와 눈을 마주치고 교감할 수 있도록 노력하자.

앉아서 공을 주고받는 다거나, 단순한 그림책들을 자주 보여주는 것도 엄마와 함께 할 수 있는 아주 좋은 놀이법이다. 엄마와의 상호 작용을 통해서 성장하는 시기이기 때문에 놀이를 통한 자연스러운 소통은 아이와의 애착 형성에 상당한 시너지를 불러일으킬 수 있다.

7~18개월 애착 형성 노하우

완전한 애착 단계로 진입하는 시기이기 때문에 특히 많은 신경을 써주어야 한다. 가끔 엄마와 떨어지게 되면 울면서 보채는 등 분리 불안의 증세를 보이기도 한다. 이때, 엄마의 일관된 행동이 중요한데 아이가 무엇을 원하는지 유심히 관찰하고, 민감하게 반응해야 한다.

나 역시 이 시기에는 아이와 단둘이 껌딱지처럼 붙어 있었다. 아이가 분리를 원하지 않았기 때문에 친정엄마의 도움도 받지 못하고 하루 종일 아이와 놀아주느라 무척 힘들었다. 이 시기부터는 그림책과 소리 나는 동요책들을 많이 보여주기 시작했다. 처음으로 육아 전집을 구입했고, 육아용품들을 하나씩 접해보면서 또 다른 신세계를 맛볼 수 있었다.

생후 6개월이 지나면, 시각이 조금씩 발달하기 시작하기 때문에 장난감을 통해 초점 연습을 시켜주는 것이 좋다. 그러다가 돌 전후로는 '비행기 놀이' 같은 온몸운동을 통해서 할 수 있는 대근육 활동을 자주 해줘야 하는데, 이때부터는 조금씩 아빠들도 육아에 참여할 수 있게 된다. 온몸으로 놀아주는 것은 아빠들이 단연 최고이기 때문이다.

이 시기에는 간단한 단어 몇 가지 정도를 말하기 시작하다가 어휘가 점점 늘어나면서 문장으로 말하는 연습을 시작한다. 풍선 놀이, 거울 놀이, 물고 던지거나 찢을 수 있는 장난감 등을 추천한다.

18~36개월 애착 형성 노하우

어차피 인지발달은 3세 이후에 시작되므로 이 시기까지는 다양한 오감 자극을 통해서 뇌 발달을 하는 데 신경을 많이 써야만 한다. 가능하면 뇌 전체의 신경을 다 쓸 수 있도록 유도하는 편이 좋은데 인간의 시냅스는 많이 쓰지 않는 부분들이 사라지기 때문이다. 그 때문에 이 시기에 얼마나 많은 뇌의 영역들을 쓸 수 있느냐는 아이의 뇌 발달에 상당히 중요한 영향을 끼친다.

주방에서 여러 가지 도구들을 만져보면서 탐색한다거나, 엄마의 화장품들에 끊임없는 호기심을 보이기도 한다. "이건 뭘까? 만져보니 어떤 느낌이야? 어떻게 생겼어? 냄새 좀 맡아볼까? 맛이 어때? 무슨 소리가 나니?" 이 시기부터 내 고정 멘트였다. 그렇게 끊임없이 호기심을 자극할 수 있도록 노력하자. 아이에게는 세상의 모든 것들이 처음이다. 아이의 호기심을 자극하는 것도, 누르는 것도 결국 부모의 역량에 달려 있다는 사실을 잊지 말자.

이 시기에는 주변의 모든 물건이 신기한 장난감이 될 수 있기 때문에 꼭 비싼 돈을 들여서 육아용품을 구입하지 않아도 상관이 없다. 나 역시, 육아용품에 많은 돈을 들이지 않았다. 대신 그 돈으로 아이의 발달단계에 맞게 끊임없이 동화책들을 책장에 들여놓았다.

우스갯소리로 우리나라 엄마와 미국 엄마가 동시에 비행기를 타면, 미국 엄마는 화장품 뚜껑들을 던져주면서 자고 있는데, 우리나라 엄마들은 꼭 정형화된 장난감들에만 집착한다는 말이 있다. 아이의 창의성을 키워주기 위한 노하우는 멀리 있지 않다. 엄마부터 유연한 사고를 하기 위해 노력한다면, 아이 역시 조금 더 융통성 있고, 창의적인 인재로 성장할 수 있지 않을까.

엄마와의 애착 형성에 좋은 놀이를 소개하자면, 아이와 함께 음악에 맞춰서 몸을 움직이며 대근육 운동을 해준다거나, 동물 흉내를 내며 걷는 놀이가 있다. 또한, 해먹 그네를 태우고 양옆으로 흔들어주기도 하고, 균형감각을 키우기 위해서 계단 오르기, 줄 따라 기어가기, 점프하기, 여러 가지 사물 흉내 내기 등 다양한 활동들을 많이 해줄 수 있는 시기이기도 하다.

그렇게 여러 가지 놀이와 책 읽기를 통해서 끊임없는 자극을 주도록 해야 한다. 엄마만 찾던 아이가 여러 사람과의 상호작용이 가능해지기 때문에 분리 불안도 확연하게 줄어들게 될 것이다.

애착에는 불안정 애착과 안정 애착이 있는데, 불안정 애착에는 회피, 불안, 혼란이 이에 해당된다. 안정 애착이 잘 형성되어 있는 아이들은 엄마가 없을 때 울거나 찾기 시작하다가 다시 엄마가 돌아오면 안정을 찾곤 한다. 반면 회피형 애착이 형성된 아이들은 엄마와 같은 곳에 있어도 무심하거나 찾지 않는 태도를 보인다.

이 시기에 부모와 애착 형성이 잘되지 않으면 아이가 어른이 되어도 인간관계로 힘들어지기 마련이다.

H는 평소엔 젠틀하다가도 연애 관계에 있어서는 전혀 다른 사람이 된다. 여자 친구만 생기면 습관적인 거리두기를 하거나, 주기적으로 은둔생활을 해서 상대방을 힘들게 만든다. 이는 회피형 캐릭터의 전형적인 모습인데, 알고 보니 그는 어린 시절 부모로부터 충분한 사랑을 받지 못했다.

엄마는 늘 바빠서 어린 시절에 주로 남의 손에서 키워지기 일쑤였고, 36개월 동안 엄마의 충분한 사랑을 받지 못한 그는 성인이 되어서도 누군가의 사랑과 관심이 부담스럽기만 했다. 상대방이 한걸음 다가오면 자신도 모르는 사이에 두 걸음 물러서는 양상을 보이기도 했다. 그래서 연애가 늘 쉽지 않았고 그도 너무 힘들다고 얘기했다.

반면 O는 집착이 너무 심해서 남자 친구만 생기면 늘 함께 있기를 원했고, 조금이라도 그가 자신에게 소홀해진다 싶으면 못 견디게 상대방을 괴롭혔다. 남자 친구가 다른 여자에게 조금이라도 상냥하다 싶으면 질투심이 엄청났고, 그렇게 과도한 집착 증상을 보였다. 과거로 거슬러 올라가

보니, O 역시 어린 시절 연년생의 남동생이 태어남으로 인해 36개월 이전에 엄마와 분리되어 주로 할머니 댁에서 방치된 채 영유아기 시절을 보냈다고 토로했다.

이처럼 성인이 되어도 안정적인 연애를 하지 못하는 이들의 공통점은 그 원인이 대부분 어린 시절의 애착 형성에 있었다.

K 역시, O와 같이 연애 시절 남자 친구에게 과도한 집착을 보이면서 시간마다 전화를 해주지 않으면 혹시 이 사람 마음이 떠난 것은 아닌지 늘 불안해하곤 했다. 그런데 알고 보니 그런 점들이 어린 시절 애착 형성과 관련이 있었다니 적잖은 충격을 받았다고 한다.

이 시절에 안정 애착을 경험한 사람들은 연애나 결혼생활에서도 안정적인 성향을 보인다고 한다. 항상 상대방을 신뢰하기 때문에 늘 진정성 있는 태도를 보이고, 타인의 말을 왜곡하지 않고 그대로 받아들이기 때문에 잦은 싸움이 일어나지 않는다. 즉, 예측 가능한 태도들을 보이기 때문에 연애나 결혼이 좀 더 수월해지는 것이다.

이쯤 되면 안정 애착의 형성이 어린 시절에 얼마나 중요한 역할을 하는 것인지 뼈저리게 느꼈을 것으로 생각한다. 애착 형성의 중요성에 대해서 하루라도 빨리 깨닫는다면, 그 시절에 모유 수유하면서 아이와 눈도 안 마주치면서 드라마를 보거나, 힘들다고 징징거리면서 번번이 친정에 맡기는 과오들을 조금은 줄일 수 있을 것이다.

엄마에게는 육체적으로나 정신적으로 참으로 힘든 시절이지만, 아이 인생에 있어서는 그 어느 때보다도 중요한 시기임은 분명하다.

5세부터 시작되는 영어유치원 입시 전쟁

◆·◆·◆

영어유치원은 앞서 말했듯이, 엄마들 사이에서는 엄청난 관문이다. 아이가 영유에 입학하기 전부터 이미 영어에 많은 노출이 되어있는 경우라면 무난하게 합격이 가능하고 입학 후에도 습득력이 상당히 높다.

하지만 모든 아이가 영어유치원에 잘 적응하는 것은 아니다. 실제로 입학 전에 이런 과정들을 거치지 않고, 단순히 브릿지 과외를 통해서 들어온 아이들은 잘 적응하지 못하고 영어 울렁증이 생겨서 퇴원하는 경우들도 많이 있기 때문이다. 개개인의 언어 지능도 다를뿐더러, 주어졌던 환경 역시 차이가 크기 때문에 입학과 동시에 아이들의 영어 흡수 능력은 천차만별일 수밖에 없는 것이다. 확실히 파닉스를 배우기 전에 한글의 자모음 원리를 깨치고 간다면 훨씬 더 이해가 수월하다.

그렇게 하루 반나절 정도를 어린 나이에 매일 영어 환경에 노출되어 있다 보니 자연스럽게 영어 실력은 늘 수밖에 없다.

그러나 영어유치원이 꼭 정답은 아니다. 아이가 초등학년 시점에 대형 어학원에 다녔을 때 탑반에 존재하는 아이들 중에는 일반유치원에서 온 아이들도 제법 있었다. 어차피 한국식 영어로 진입하게 되면 스피킹에서 만 조금 차이가 날 뿐 나머지 영역은 개인적인 노력으로도 얼마든지 끌어 올릴 수 있기 때문이다.

혹시나 형편이 좋지 않다면, 영어책을 평소에 많이 읽기를 권한다. 국어 도 영어도 결국 모든 언어는 독서로 귀결된다는 점은 부인할 수 없는 현실 이기 때문이다.

언어 쪽으로 두각을 나타내는 아이들이 다른 아이들보다 매우 즐겁게 영어유치원 생활을 하는 건 맞다. 그렇게 아이가 흥미를 잃지 않게끔 지속 적인 노출을 해주는 것이 가장 중요한 것 같다. 일정 시기가 되어 스스로 원서를 척척 읽어내고 이해하면서 책 읽는 기쁨을 만끽할 수 있다면 제법 성공한 엄마표 영어 교육이 될 것이다.

시간이 지날수록 실용 영어에서 입시 영어로 그 노선을 갈아타게 되기 때문에 우리 아이의 영어 교육의 목적이 무엇인지를 잘 고민해 봐야 한다. 내 아이의 목적이 유학이나 국제학교라면 실용 영어에 조금 더 포커스에 두는 것이 맞고, 국내 학교 입시가 목적이라면 일정 나이에는 입시 영어를 목표로 적당히 방향을 전환하는 것이 좋다.

하지만 입시 영어로 전환하더라도 끝까지 스피킹에는 신경을 써줄 것을 권한다. 앞으로 우리 아이들은 지금보다 더더욱 글로벌한 시대에 살게 될 것이기 때문에 스피킹은 매우 중요하다. 스피킹이 원활하지 않으면 세계 무대에서의 소통이 불편할 수밖에 없다. 국제 비즈니스, 여행, 학문의 다양한 영역에서 좋은 기회를 쟁취하기 위해서는 지속적인 회화 연습이 필요하고, 꾸준하게 영어 환경을 노출해 주는 것이 필요하다. 영어 드라마, 영어 뉴스, 영어 신문 등등 조금만 더 관심을 기울이면 굳이 돈을 들이지 않고도 회화를 늘릴 수 있는 방법들은 도처에 널렸다. 입시 영어로만 끝낼 게 아니라면, 세계의 무대에서 내 아이가 성장하길 바란다면, 한 살이라도 어릴 때 자유로운 의사소통에도 반드시 신경을 써주도록 하자.

영어가 물론 중요하긴 하지만, 그 기반에는 반드시 모국어가 탄탄히 자리 잡고 있어야 한다는 것은 이미 모르는 엄마들이 없을 것이다. 하지만 간혹 목적이 전도되어 어린 시절 우리말보다 영어에만 더 신경을 쓰는 엄마들도 많았다. 영어도서관은 열심히 보내면서 정작 한글 책들은 잘 읽히지 않는 엄마들을 보면 참으로 안타깝다. 아이들의 초등 시절까지는 언어의 뇌가 발달하는 시기이기 때문에 골든 타임을 놓치고 싶지 않다면 많은 노력을 기울여야 하는 것이 맞다. 특히 아이들의 뇌는 먹이를 주는 대로 성장하기 때문에 모국어를 끊임없이 성장시켜 주지 않고 영어만 노출한다면 어쩔 수 없이 문해력은 떨어질 수밖에 없다.

얼마 전 언론에서는 아이들이 코로나 시기를 겪고 나서 영어 실력은 더 향상한 반면, 국포자는 역대 최대라고 발표한 바 있다. 모국어가 기반이 탄탄하지 않다면 그 위에 어떤 외국어를 쌓아 올려도 크게 성과를 보기 힘들기 때문에 한글 독서와, 영어 독서를 꼭 병행할 것을 추천한다.

영어와 수학에는 많은 신경을 쓰다가 정작 한글 독서 교육에 신경 쓰지 못해서 학습의 전반이 느려지는 아이들도 상당히 많이 보았기 때문에 이는 상당히 강조하고 싶은 부분이다.

대치동 엄마만의 특급 영어 교육

◆◆◆

아이가 36개월에 영어 놀이학교에 입학하기 전까지는 전적으로 엄마와 함께 영어를 공부했다. 그렇다고 해서 내가 영문과 출신이거나, 스피킹이 유창한 엄마라고 생각하면 곤란하다. 나는 단지 국어국문학과를 졸업한, 한글 책만 좋아하던 엄마였다. 그랬던 내가 아이의 영어 교육에 관심을 가지기 시작했던 것은 아주 우연한 계기였다.

말문이 빨리 트였던 아이였기 때문에 동요 부르는 것을 좋아했는데, 우연히 〈트윙클 트윙클 리틀 스타〉라는 노래를 들려줬더니 그 곡에 빠져서 매일 수십 번씩 틀어달라고 졸라댔다. 어릴 때부터 하나에 꽂히면 질릴 때까지 그것만 하던 집요함 때문에 이 노래를 시작으로 영어 동요를 하나씩 섭렵하기 시작했고, 아이가 동요를 좋아한다는 것을 깨달은 나는 『노부영』 전집을 1단계부터 쭉 들여놓고 틀어주기 시작했다.

24개월부터는 아침에 일어나면 영어 동요 시디를 매일 틀어주면서 하루를 시작했다. 한글과 영어를 병행하면 헷갈리지 않느냐는 질문을 많이 받았는데, 우리 아이는 놀이식으로 접근했기 때문에 아주 자연스럽게 두 언어를 동시에 받아들였다. 일단, 모든 교육의 기본은 내 아이를 먼저 믿는 것이다. 아이가 과연 잘할 수 있을까를 의심하기 이전에, 엄마인 내가 매일 꾸준히 실천할 수 있을지를 고민해 보도록 하자.

그렇게 일단 귀부터 뜨이게 하는 영어 교육을 시작했더니 스피킹은 자연스럽게 따라왔다. 여기서도 포인트는 매일 꾸준히 영어 동요를 들려주는 것이었는데 참으로 단순하지만 막상 실천하기는 쉽지 않다. 인풋이 많이 쌓여야 아웃풋도 자연스럽게 나올 수 있으니 끝까지 포기하지 말자.

파닉스는 한글 떼기와 마찬가지로 소릿값의 원리를 알려주고 이해시키는 방법으로 훈련했더니 제법 수월하게 읽어냈다. 한글을 먼저 떼고, 시중에 파는 파닉스 교재들을 사용해서 그 원리를 가르쳐 준다면 아이들이 훨씬 더 빠르게 받아들일 수 있다.

그렇게 아주 수월하게 영어유치원에 입학한 아이는 원어민 선생님들의 사랑과 칭찬을 받으며 아주 즐겁게 다닐 수 있었다. 기본을 탄탄히 하고 귀가 뚫린 상태로 들어갔으니 물 만난 고기처럼 잘 적응했고, 그 결과 입학하자마자 원에서 가장 먼저 성취도 테스트 수상을 하는 등의 명예를 얻을 수 있었다.

영어 동요로 영어와 친숙하게 만들어 놓은 후에는 보드 북이나, 그림책을 활용했다. 한글 동화 때와 마찬가지로 다양한 색채와 그림들로 아이의 호기심을 끌어왔다. 그 후엔 영어 원서들을 1단계부터 직접 구입해서 읽어 주기 시작했다.

그 당시에 '국제유아교육전'만 시작되면 줄 서서 세일하는 원서를 사대던 엄마들이 상당히 많았는데, 나 역시 그런 엄마들 중에 하나였던 것이다. 한글 독서와 마찬가지로 아이의 읽기 독립이 시작되면 레벨을 과감히 높여 가면서 아이의 영어 읽기 수준을 높여 나가도록 하자. 영어 역시 실력의 향상 비결은 독서이기 때문이다. 엄마표 영어, 두려움만 없다면, 당신도 얼마든지 가능하다.

사고력 교육의 중요성

———◆◆◆———

대치동에는 사고력 향상을 위한 수학 수업, 독서 수업이 정말 인기다. 단순히 진도만 빠르다고 해서 극상위가 될 수 있는 것은 절대 아니다. 사고력을 키워서 아이들의 그릇을 키워주는 것이 엄마들의 역할이라고 생각하는 것이다.

사고력의 정의는 '생각하고 궁리하는 힘'이다. 고로, 사고력 수학을 푼다고 사고력이 확장되는 것이 아니라, 그러한 문제들을 통해서 생각하고 궁리하는 연습이 필요한 것이다.

수능 수학을 분석해 보면 몇십 개의 개념들을 다 활용할 줄 알아야 풀어낼 수 있을 정도의 적용력과 사고력이 필요하다. 기본적인 공식 암기는 기본이며, 그 위에 언제든지 새로운 문제들을 풀어낼 수 있을 정도의 응용력과 이해력, 직관력이 필요한 것이다.

그렇기 때문에 어렸을 때부터 탄탄하게 개념을 익히고, 깊이 생각하는 연습이 필요하다. 이는 하루아침에 되는 것이 아니기 때문에 최상위권으로 도약하기 위해서는 미리미리 스스로 사고하는 능력을 키워야 한다.

나는 보드게임을 통해서 아이의 수리력과 창의력, 문제해결력을 키워주기 위해 많은 노력을 했다. 아이 역시 놀이로 받아들였기 때문에 수학에 대한 거부감이 없이 즐겁게 사고를 확장할 수 있었다.

이 시기에는 모든 과목들이 유기적으로 연결되어 사고할 수 있도록 융합학습을 더 많이 대비해야 할 것이며, 사고력 문제들을 평소에 꾸준히 접해보면서 어떤 방법으로 풀면 더 좋을지 스스로가 많이 고민해 봐야 할 것이다. 아이들에게 쉽게 답지를 건네주지 말아야 할 이유이기도 하다.

다만, 여기서 중요한 사실은, 사고력이 중요하다고 해서 이를 꼭 사교육의 도움을 받아야 한다는 소리는 절대 아니라는 점이다. 사고력 수학이 중요하니까, 마치 사고력 수학 학원을 가지 않으면 도태되는 것처럼 생각하는 엄마들이 많은데 그것은 전혀 별개라고 생각한다.

아이들이 어렸을 때부터 수학에 흥미를 갖기 위해서는 가장 먼저 수학에 대한 긍정적인 호감도를 높여야 한다. 즉, 놀이를 통한 방법이 가장 이상적이라고 보여지는데, 수수께끼, 패턴놀이, 수놀이, 도형조작 등 교구를 통한 접근을 가장 선호한다.

대치동은 5세 때 영유 입학 테스트 전쟁이 끝나면, 입학과 동시에 너도

나도 사고력 수학을 달리기 시작한다고 앞서 설명한 바 있다. 이제 영어는 어느 정도 유치원에서 해결이 될 터이니, 남은 것은 한글과 수학.

다행히도 우리 아이는 영어유치원에 들어가기 전부터 한글을 떼놓은 상태였기 때문에 사고력 문제집 또한 수월하게 받아들였지만, 아직 한글을 떼지 못한 친구들은 그때부터 한글 떼기를 시작하느라 여념이 없었다. 그리고 그 한글을 뗐느냐, 떼지 못했느냐로 실로 엄청난 차이가 벌어지기 시작했다.

당장 들어가고 싶은 사고력 수학 학원들 시험을 보려면 아이가 한글 지문을 읽어내야 하는데, 그 작업을 완성시켜주지 못한다면 5세 겨울방학쯤 처음 시작되는 사고력 수학 학원에 적응하기가 힘들기 때문이다. 그만큼 한글 떼기는 그 시절에 가장 중요한 미션이었다.

운 좋게 한글을 빨리 뗀 친구들은 사고력 시리즈 문제집을 사다가 가장 기본 편부터 풀기 시작한다. 엄마와 하는 친구들도 있고, 그조차도 힘들어서 과외나 브릿지 학원을 이용하는 엄마들도 있었다. 나 역시 시중에 파는 사고력 문제집들을 풀어보고 펜토미노나 쌓기 나무 등등의 교구들을 아이와 함께 접해보면서 쪼꼬미들 수학에 눈을 뜨기 시작했다.

그렇게 가장 먼저 사고력 수학 탑반을 문 열고 들어갔지만, 거기서 배우는 것들은 이미 입학시험 준비 당시 집에서 엄마와 다 배웠던 부분들이라서 지금 생각해 보면 우리 아이는 복습을 다시 하러 다녔던 것 같다.

나처럼 집에서도 엄마와 충분히 문제를 풀 수 있다면, 굳이 학원에 다니지 않아도 없다고 생각한다. 요즘엔 다양한 문제 풀이 사이트도 많이 존재하고, 인터넷 강의도 널리 보편화되어 있기 때문에 굳이 학원이 아니라도 사고력 수학을 접해볼 수 있는 기회들이 넘쳐나기 때문이다.

사고력 수학은 말 그대로 아이의 사고력 확장을 위해서 필요한 영역이다. 그렇기 때문에 아이 혼자서 끙끙대면서 풀어낼 때만이 그 시너지가 생기게 된다. 하지만 초보 엄마들이 흔히 하는 실수 중의 하나는 자꾸 아이 옆에서 힌트를 주고 사고의 확장을 막는다는 점이다. 나 역시, 성격이 급해서 아이가 혼자 생각할 시간을 많이 주지 못했는데 지금 생각해도 참 아쉬운 부분들이다.

여기에 한술 더 떠서 어떤 엄마들은 입학시험을 위해서 앞으로 배울 부분들을 전부 다 미리 공부하고 시험을 보러 가곤 한다. 그럴 거면 굳이 그 학원을 또 다닐 필요가 있을까? 차라리 그 시간에 교과 선행을 하라고 추천해 주고 싶다. 혼자서 사고력 수학 문제집을 사다가 척척 다 푼 아이들이라면 굳이 또 대형 사고력 학원을 갈 필요가 전혀 없다. 남들이 그 커리를 따르건 말건, 우리 아이가 그 아이들보다 더 빠르게 앞서나가는 중이라면 과감히 소신껏 밀고 나가도 좋다고 생각한다.

사고력 수학의 장점은 대부분의 문제가 매우 어렵기 때문에 그 문제들을 많이 접해봄으로써 앞으로 접하게 될 교과 수학에 조금은 쉽게 다가갈 수 있다는 것이다. 그리고 하나의 문제를 깊게 고민하면서 풀어나가는 과정에서 과제 집착력을 키울 수도 있다.

　하지만, 이러한 장점들은 어디까지나 장점으로만 이용해야 그 가치가 있는 것이다. 유심히 관찰하니 대치동은 특정학원의 입학시험을 목적으로 사고력 수학에 집착하는 엄마들이 상당히 많았다.

　그 학원의 탑반을 들어가기 위해 일 년 전부터 사고력 학원에서 어려운 문제집들을 암기하다시피 풀어 재끼기 시작한다. 그렇게 여러 바퀴 돌린 후에 대형 학원 입학 테스트가 끝나면 또 그 학원의 커리를 따라가기 위해 사고력 수학을 거의 다 접는 분위기다. 과연 무엇을 위한 사고력이란 말인가. 가끔은 참으로 알 수 없는 문화라는 생각도 많이 든다.

　내가 다시 둘째를 키운다면, 사고력 수학은 그저 가랑비에 옷 젖듯 꾸준히 매일 소량을 노출하고, 교과 심화에 조금 더 많은 신경을 쓸 것 같다.

　마치 누구나 다 들어가는 대형 학원의 그 대열에 못 끼면 내가 루저가 되는 것처럼 맹목적으로 입학 테스트를 준비하는 그 시간 대신, 소신껏 교과 선행을 한다면 남들보다 추후에 조금 더 유리한 고지에 서게 될 수도 있다.

　대치동에는 수많은 커리가 있지만, 어떤 커리로 가야 우리 아이와 잘 맞을지, 조금이라도 더 쉽게 갈지를 판단하는 것은 엄마들의 몫이다. 학원 원장님들조차도 아이들 하나하나를 세심하게 판단하기는 쉽지 않기 때문이다. 우리 아이에게 꼭 필요한 학원이라고 판단되면 따라가는 게 맞겠지만, 우리 아이는 보편적인 저 커리를 굳이 밟지 않아도 괜찮겠다는 생각이 들면 과감히 버릴 수도 있어야 한다.

결국 수학의 끝은 교과 심화다. 어려운 교과 문제들을 누가 더 끈기 있게 잘 풀어내느냐가 관건인데 교과 심화 역시 그런 맥락에서 사고력 수학의 연장이라고 생각한다. 어차피 거기까지 도달하게 되면 또 계속해서 사고하는 훈련을 해야 한다. 수능 역시 만만치 않은 통합사고력 수학이다. 모든 단원의 개념을 다 정확히 인지하고 그것을 바탕으로 응용해서 풀어내야 하는 것이다.

솔직히, 필자는 사고력 수학이 별도로 존재한다고 생각하지 않는다. 초등 심화 문제들도 깊이 생각하는 영역들이 많기 때문에 그 역시 아이들에게는 충분한 사고력 문제들이 될 수 있기 때문이다. 더 나아가 중등 심화, 고등 심화 문제들을 접하게 되면, 아이의 사고력이 확장되는 데 충분한 역할을 할 수 있다.

고로, 어느 정도의 역량이 쌓인 친구라면 바로 아이 깜냥껏 교과 수학의 진도를 쭉 달려볼 것을 권한다. 그리고 만약, 어렸을 때 선행이 너무 빨라서 각 학년의 심화 문제들까지 먼저 접할 수 있는 상황이 된다면, 교과 심화로 사고력 문제들을 대신해도 충분하다고 생각하는 입장이다.

아이 옆에서 아이가 푸는 문제들만 유심히 살펴봐도 교과 심화와 사고력 문제들이 실로 엄청난 차이가 있지 않다는 것을 바로 느낄 수가 있을 것이다. 때문에 너무 맹목적으로 사고력 문제집들에 집착하지 않아도 괜찮다.

그런 문제들을 억지로 끼워 넣느라 아이에게 오히려 부작용이 되는 사례들도 은근히 많기 때문에 내 아이의 목표와 성향을 잘 보고 결정해야 한다.

결국 가장 중요한 것은 교과 수학의 기본연산을 탄탄히 하는 것이므로, 어린 시절에 사고력 수학 학원에 집착하느라 많은 시간을 허비하는 것은 옳지 않다고 생각한다. 항상 밸런스를 유지하면서 조금씩 꾸준히 접해주는 편이 훨씬 더 좋은 결과를 안겨 줄 것이다.

실제로 영과고에 합격하는 사례들을 보면 낑낑거리며 적은 양이라도 혼자서 끝까지 문제를 풀어내던 아이들이 사교육에만 의존한 친구들보다 훨씬 더 좋은 성과를 보였다. 부디, 주객이 전도된 공부는 지양해야 할 것이다.

얼마 전 한 단톡방의 대화들이 인상적이었다.

"저희 아이는 단원평가 준비로 다섯 번씩 카피해서 풀어봤어요."

한 엄마가 아이가 대형 학원을 입학해서 매달 단원평가를 보는데 레벨이 다운될 수도 있기 때문에 늘 노심초사한다면서 본인은 그렇게까지 아이 100점을 위해서 애써봤다는 내용이었다. 이를 보면서 내가 들었던 생각은 '수학을 문제 풀이 암기로 배우겠구나.'였다. 결국, 대형 학원 레벨 유지를 위해서 아이의 사고력을 막는 행위나 다름없는 것이었다. 이러한 행동들이 바로 주객이 전도된 것이라는 걸 과연 왜 모르는 것일까.

필즈 수상자 허준이 교수는 우리나라 학생들은 좁은 범위의 문제를 실수 없이 푸는 데 집중하느라, 학문을 깊고 넓게 공부하는 자세는 많이 부족한 것 같다고 실토한 바 있다. 즉 우리나라는 입시 수학에 모든 것을 걸었기 때문에 그 이상의 수학 발전이 힘든 것이다. 그의 이런 인터뷰를 통해서 한 번쯤은 우리가 수학을 공부하는 근본적인 이유가 무엇인지 깊게 생각해 보는 계기가 되었으면 좋겠다.

물론, 엄마 아빠가 봐줄 시간이 없어서 학원 선생님들의 도움을 받아야 한다면 어쩔 수 없지만, 대형 학원의 탑반에 끼어들어 가지 못해 내 아이의 사고력이 당장 잘못될 것처럼 생각한다면 큰 오산이다. 오히려 선생님의 도움을 받아서 쉽게 쉽게 풀어내기 시작한다면 아이들을 더 망치게 되는 계기가 될 수 있기 때문에 전적으로 모든 것을 학원에 의지하는 것은 반대한다. 좋은 인강들도 넘쳐나기 때문에 엄마가 옆에서 봐줄 수 있다면, 모르는 부분들만 조금씩 인강의 도움을 받아 가면서 푸는 것도 가성비에는 훨씬 좋다.

차라리 한두 문제를 던져주고 그냥 내버려두자. 아이가 열심히 고뇌하는 사이에 아이의 뇌에서는 엄청난 일들이 일어나게 될 것이다. 나는 실제로 내 아이가 스스로 고민하는 그 과정을 통해서 아이의 뇌에 불꽃이 튀는 것을 경험했다. 그 후로는 스스로 생각하면서 수학 문제를 풀어낸다는 것이 얼마나 중요한 일인지 깨닫고 가능하면 선생님의 도움을 최소한으로 줄이려고 애쓰고 있다.

사고력 수학을 꾸준히 하게 되면 영재원을 갈 때나 영재고를 입학 할 때도 많은 도움을 주기 때문에 아이의 목표가 이공계라면 꼭 해볼 것을 권한다. 그렇지 않더라도 수학 머리 확장에 도움 되는 것은 확실하기 때문에 초등 2학년까지는 많은 엄마들이 아이들에게 주 1회 정도의 사고력 수학을 시키고 있다.

꼭 사고력 수학 문제집을 많이 접하지 않더라도 명문대를 진학한 사례들도 많으니 내 아이의 진로와 성향에 따라서 결정하면 될 것 같다.

사교육 없이 한글 떼기

◆◆◆

아이가 한글을 뗀 시기는 영어유치원에 입학하기 직전, 48개월쯤이었다. 그 시절에 나는 영어유치원에 가서 영어를 습득하기 이전에 빨리 한글을 먼저 넣어 주는 게 목표였다. 물론 누구나 이렇게까지 빨리 뗄 필요는 없다. 단지 그 당시 나의 목표가 아이와 타이밍이 맞았을 뿐이었다. 지금도 그렇지만 그 시절에도 그달 그달의 목표를 정해놓고, 거기에 맞게 수행하기 위해 애쓰는 나름 목표 지향형 엄마였다.

한글을 본격적으로 가르치기 이전에 가장 중요한 것은 앞서 얘기한 바처럼 많은 책을 읽어주는 것이다. 일단, 인풋을 많이 해두고, 한글과 친숙하게 만드는 것이 가장 중요하다. 그렇게 아이의 호기심을 자극하고, 즐거운 놀이를 통해서 접근하는 것이 가장 효율적이다.

어떻게 하면 아이가 한글에 관심이 생길까를 고민하다가 통 글자 카드들을 만들어서 집 안 거실에 붙여두고, 공놀이를 하기 시작했다. 그렇게 공을 글자에 맞추면서 큰소리로 읽어주기도 하고, 한글 교구를 사서 글자 버스 같은 것들을 보여주면서 놀이로 접근하려고 노력했다.

한글 학습지도 시켜보고, 색칠 공부도 시켜보면서 이것저것 연구해 봤지만, 딱히 효과가 없던 어느 날, '자음과 모음의 기본 원리를 가르쳐주면 혹시나 이해하기 쉽지 않을까?'라는 판단하에 아이가 잠들기 전에 조용히 불을 끄고, 누워서 퀴즈를 내기 시작했다.

"자, 엄마가 지금부터 퀴즈를 낼 거니까 맞추는 거야. '기역'에 '아'를 붙이면 '가'가 된대. 그리고 '니은'에 '아'를 붙이면 '나'가 된대. 그러면 '디귿'에 '아'를 붙이면 뭐가 될까?"

그렇게 자음과 모음의 원리를 아이가 조합하면서 대답할 수 있도록 플래시 카드의 자음과 모음을 이용해서 한글 문제를 패턴퀴즈 형식으로 내주기 시작했더니, 제법 잘 알아맞히기 시작했다. 그래서 매일 밤, 둘이 나란히 누워서 자음과 모음의 소릿값 원리를 깨달을 때까지 반복해서 연습했다.

여기에서 가장 중요한 포인트는 한글을 어느 정도 깨우칠 때까지는 당분간 한글 공부만 하기를 추천한다는 것이다. 아이들은 한꺼번에 너무 많은 정보가 들어가게 되면 헷갈릴 수 있기 때문에 한글 떼기가 중요한 목표라면 당분간은 그 과정에만 몰입하도록 해야 한다.

두 번째로 생각해 냈던 방법은 '기본 글자에 충실하자.'였다. 그 당시에 우리 집 거실에는 받침이 있는 글자들까지 다 붙어 있었는데 다 떼어버리고 '가부터 하'까지의 받침 없는 기본 글자들만 붙여놓고 딱 그 열두 개의 글자부터 알려주기 시작했다.

너무 많은 정보들이 들어가면 오히려 방해될 것으로 예상했고, 과연 내 판단은 옳았다. 여기서도 중요한 포인트는 '한 달 동안 매일 꾸준히 기본 글자를 노출'시켰다는 점이다. 여행을 갈 때도, 외출할 때도 항상 잊지 않고 낱말 카드를 보여주었다. 나는 그때 또 한 번 꾸준함의 힘이 엄청나다는 것을 느꼈다. 같은 기본 글자를 한 달 동안 매일 자음과 모음의 패턴 원리를 통해서 가르쳐 주었더니 아이는 곧잘 따라 읽기 시작했다.

그렇게 기본 글자를 먼저 떼고 난 후, 그다음에는 기본 받침 글자를 가르쳐주기 시작했다. 마찬가지로 복잡한 받침은 패스. 'ㄱ, ㄴ, ㄹ, ㅁ, ㅇ' 딱 다섯 개의 기본 받침만 반복해서 알려주기 시작했다. 여기서도 앞서 했던 패턴 규칙의 방법을 통해서 그 원리를 꾸준히 반복해서 이해시켰다.

어느 정도 기본 글자들을 읽어낼 수 있다면, 그 후에 복잡한 받침이 들어간 단어들을 가르쳐 주도록 하자. 이때 효과적인 한글 놀이 방법으로는 음악에 맞춰서 동요 읽으면서 불러보기, '한글이 야호'와 같은 프로그램 이용하기, 한글 스티커 붙이기 놀이, 플래시 카드 놀이 등등이 있다. 이를 통해서 본격적으로 내 아이의 한글 떼기를 완성할 수 있다.

그렇게 아이의 한글 떼기는 영어유치원을 입학하기 몇 달 전 성공했고,

그 시절 너무 빠른 한글 완성도에 주변 엄마들을 놀라게 만드는 계기가 되었다. 그리고 이는 이후의 학습에 엄청난 영향을 끼치게 되었다. 한글을 빨리 배워버렸으니 영어공부에 좀 더 집중할 수 있었고, 수학 문장을 이해할 수 있었으니 사고력 문제집들을 또래보다 가장 먼저 풀어낼 수도 있었다.

한글을 먼저 뗀다는 것은 모든 고지에서 아주 유리한 위치를 차지할 수 있었던 획기적인 일이었다. 하지만 그렇게까지 빠르게 떼지 않아도, 현재 각 분야에서 탑의 경지에 오른 친구들도 많이 보이는 것을 보면, 잘할 친구들은 결국 어느 지점에서라도 빛을 발하지 않나 그런 생각이 든다.

그 시절엔 그저 아주 작은 엄마의 만족이랄까. 아이가 크고 나면 딱히 의미는 없어지지만, 그래도 궁금해하는 많은 초보 엄마들을 위해서 간략하게 설명을 해보았다. 누군가에겐 한글 떼기가 그렇게 초미의 관심사가 될 수도 있을 테니 말이다.

실제로 지인들 중에는 아이의 한글 떼기를 뒤늦게 시켜주다가 아주 애를 먹은 경우들이 있다. 이를 보면서 아이의 한글을 빨리 떼주는 것도 어찌 보면 엄마 입장에서는 참 마음이 편해지는 일이 아닌가 그런 생각이 들었다. 어차피 떼야 할 한글이라면 굳이 일부러 미룰 필요는 없을 것 같다. 더군다나 요즘처럼 모든 것들이 빠르게 돌아가는 사교육 시장에서는 더더욱. 우리가 모르는 사이에 아이들은 조금씩 진화하고 있었다.

그러므로, 어린 시절, 내 아이 자존감을 위해서도 한글 떼기에는 신경을 써줘야 하는 것이 맞는 것 같다. 엄마가 조금만 더 연구하고, 부지런히 애써준다면 이른 한글 떼기도 그렇게 어려운 일만은 아니라고 생각한다.

엄마표 글쓰기 전략

---◆◆◆---

한글 떼기와 읽기 독립이 가능해 지면서 관심 두기 시작하는 다음 단계는 글쓰기다. 앞으로는 글쓰기가 대입을 결정할 정도로 중요해졌기 때문에 서술형에 강한 아이로 만드는 것이 엄마들의 새로운 목표로 대두되고 있다. 그렇다면 이러한 글쓰기를 잘할 수 있는 방법에는 무엇이 있을까. 몇 가지 중요한 원칙들만 알아도 아주 훌륭한 글이 완성될 수 있다.

내가 오랜 시간 아이들에게 독서 논술을 가르치면서 깨달은 것은 글쓰기의 기본 역시 그 시작은 책 읽기라는 점이다. 인풋이 많아야 아웃풋도 잘 나온다는 사실을 모르는 사람은 없을 것이다. 평소에 다양한 독서를 통해서 생각을 많이 한 친구들이 창의적인 글쓰기 결과물을 내놓는 경우들이 많다.

글쓰기를 잘하기 위해서는 읽은 내용을 육하원칙에 맞게 잘 요약할 줄 알아야 한다. 한 권의 책을 읽고 간단하게 요약할 줄 안다는 것은 요점정리를 할 줄 안다는 것이고, 이는 곧 주제 파악이 가능하다는 것과 일맥상통한다.

요약하기가 어려운 아이들에게는 마인드맵을 권하곤 하는데 이는 책을 읽다가 중요하다고 생각되는 단어들을 쭉 뽑아서 나열한 후 그 단어의 조합으로 문장을 연결하는 것이다. 주로 인물들을 중심으로 어떤 사건들이 펼쳐졌는지를 나열하는 방식이 가장 편하다.

다음으로 권하는 방식은 자신이 쓰고 싶은 내용을 직접 녹음해 보는 것이다. 읽은 내용을 가지고 대화로 녹음 후, 그 녹음한 내용을 직접 필기하면서 퇴고하는 방식으로 진행해 보는 것도 매우 효과적인 방법이다. 이처럼 글쓰기가 곧 말하기로 연결된다고 해도 과언이 아니다.

보통 글을 쓸 때, 첫 시작을 어떻게 해야 할지 모르겠다는 질문을 가장 많이 받는데 전해 내려오는 명언이라던지, 적당한 속담을 응용해 보는 것도 좋은 방법이 될 수 있다.

아주 어린아이들이 처음 글쓰기를 시작할 때는 첫 줄 쓰기부터 시작해서, 두 줄, 세줄, 한 장… 조금씩 분량을 늘려가도록 하자. 그리고 세 줄이 넘어가는 글쓰기에서는 육하원칙에 맞게 쓸 수 있도록 유도하고, 거기에 수식어와 내 생각을 더한다면 한편의 멋진 글을 완성할 수 있게 된다.

글을 잘 쓰기 위해서는 어휘량이 풍부해야 하는데 때문에 평소에 어휘 공부를 많이 해두는 것은 필수적인 작업이다. 다양한 감정의 표현을 익혀

두는 것만으로도 문장에 생동감을 불러일으키기 때문이다.

이를 위해서는 평소에 일기 쓰는 훈련도 참 중요하다. 일기란 매일매일 느꼈던 아주 사소한 감정들이나 상황들을 그때그때 기록해 놓는 과정으로, 성인이 되어도 에세이로 전환시킬 수 있는 아주 좋은 소재이기도 하다. 매일의 주제나 소재를 바꾸어주고 거기에 맞는 글쓰기 훈련을 한다면 글쓰기 실력이 매우 향상됨을 느낄 수 있을 것이다.

또한 일기는 곧 사고력의 확장이다. 오늘 어떤 일이 있었는지, 그 일을 통해서 나는 어떤 생각을 했고 앞으로 어떻게 해야겠다고 다짐했는지 고도의 사고를 하게 되기 때문이다. 아이들의 사고력은 꼭 수학 문제를 풀어야만 성장하는 것이 아니다. 글을 쓰면서도 사고가 확장되기 때문에 일기 쓰기는 아주 좋은 습관이 될 것이다.

아이가 어느 정도 스스로 책을 잘 읽어내는 나이가 된다면 신문에 익숙해지는 것도 좋은 방법이라고 생각한다. 신문을 통해서 논리적인 글들을 많이 접하게 되면, 추후에 비판력 있는 논서술 시험에도 아주 유리한 고지에 서게 된다. 비판적 시각을 위해서는 한 가지 일을 여러 각도로 분석해보는 사고가 중요한데 신문을 통해서 이를 공부하게 되는 좋은 계기가 될 수 있기 때문이다.

스스로 생각하는 힘. 절대 멀리 있지 않다. 우리는 항상 매사에 논리적으로 상대방을 설득할 줄 알아야 유리한 고지에 서게 되는데 그 중심에 비판적 사고와 글쓰기가 있다는 사실을 잊지 말자.

대치동은 5세쯤부터 논술 학원에 다니는 아이들이 많아지는데, 동화책을 정독하고, 글 쓰는 훈련을 아주 어렸을 때부터 시키는 편이라 많은 아이가 글쓰기에 대한 두려움이 적은 편이다. 그렇게 초등 고학년이 되면 본인이 생각하는 바를 줄줄 써나갈 줄 아는 아이로 만들어진다. 이는 어릴 때부터 글쓰기 습관이 중요한 이유이기도 하다. 그렇게 다 쓰고 나서 자기 글을 소리 내서 읽어보는 연습까지 해본다면 아주 훌륭한 과정이 될 것이다.

굳이 어린 시절부터 첨삭에 집착해서 아이들의 글쓰기를 완벽하게 고쳐주기 위해서 집착하지 않아도 괜찮다. 일단은 글쓰기가 즐겁다는 생각을 가져야 하므로 매번 글을 쓸 때마다 첨삭이 들어간다면, 의무이자 과제로 엄청난 부담을 느낄 수 있기 때문이다. 어린 시절에는 맞춤법 오탈자 정도는 그냥 내버려둬도 괜찮다는 입장이다.

글쓰기는 내 생각을 글로 표현하면서 저절로 감정 해소가 되기 때문에 사춘기 때도 스트레스를 푸는 데 상당히 많은 도움이 된다. 글을 쓰면서 언어를 적재적소에 활용하는 방법을 익히고, 성인이 된 이후에도 글쓰기 습관이 몸에 배어 있다면, 완벽한 목적을 달성했다고 볼 수 있는 것이다.

또한, 좋은 구절을 필사해 보는 것도 아주 좋은 방법이다. 저자들의 생각과 내 생각을 비교해 보면서 비판적 사고 기능이 확장되고, 필사를 통해서 좋은 생각들을 받아 적는다면 아이들 정서 함양에도 큰 도움이 된다. 모방은 창조의 어머니라는 말이 있듯이 이러한 과정을 통해서 더 창의적인 표현들이 나올 때도 많다.

수많은 예술가의 시작이 모방에서 나왔듯이, 훌륭한 작가들의 시작도 처음에는 유명한 작품들의 필사로 시작하는 경우들이 많다. 누구에게나 그 처음은 있었다는 사실을 기억하자.

음악 교육으로 스트레스를 관리하자

◆━◆◆◆━◆

성인이 되어 더욱 절실히 느끼게 된 점은 스트레스를 잘 관리하는 것이 상당히 중요하다는 것이다. 그리고 그 중심에 예체능 교육이 있다는 것을 깨달았다.

내 나이 여섯 살쯤, 우리 친정엄마는 내 손을 끌고 피아노 학원으로 직진하셨다. 그 당시에도 교육에 관심이 많은 엄마들은 일찌감치 피아노 교육을 시키곤 했는데 우리 엄마도 나름 빨리 피아노의 세계로 입문시켰고, 나는 한글을 다 떼지 못한 상태로 등록해서 피아노 학원에서 한글을 배웠다고 한다.

물론, 그 당시에 나는 피아노에 재능이 없었다. 그저 엄마가 시키니까 꾸역꾸역 가서 앉아 있었고, 흥미가 없었으니 늘 졸기 십상이었다. 그런데 그렇게 억지로 배운 피아노가 빛을 발한 건 다름 아닌 성인이 되어서였다. 어느 순간부터, 스트레스를 받을 때마다 음악감상을 하는 나를 발견한 것이었다. 참 신기하게도 음악은 정서 조절의 엄청난 효과가 있었다. 실제로 수많은 연구 사례를 보더라도 음악이 스트레스 관리에 많은 영향을 끼친 다고 보고된 바 있다. 이제 나는 내 스트레스를 어떻게 하면 해소하는지를 알고 있다. 그리고 내 아이도 하루빨리 본인만의 스트레스 해소법을 찾았 으면 좋겠다.

아이가 사춘기에 접어들면서 알 수 없는 아이들의 행동에 어찌할 바를 모르는 엄마들을 너무도 많이 지켜봤다. 그리고 이러한 고충들은 나를 비 롯해서 전 세계적으로 아이들을 키우는 엄마들이라면 누구나 한 번쯤은 겪게 될 일들이기도 하다.

그래서 나는 내 아이에게도 음악을 꾸준히 시켜줄 예정이다. 다섯 살 때 부터 바이올린, 피아노를 꾸준히 접했고, 현재는 기타를 배우고 있다. 이 는 지금 당장 잘하지 않아도 괜찮다. 그 시절의 나처럼 재능이 전혀 없어 도 상관없다. 단지 어른이 되어서도 스스로 음악으로 정서관리만 잘할 줄 안다면 그것으로 충분하다고 생각한다.

얼마 전에 한 서울대 의대생이 청춘 가요제에 나와서 엄청난 활약을 보 여준 바 있다. 대중은 그의 보컬 능력에도 놀랐지만, 그의 학력에 더 감탄 했다. 알고 보니 그는 입시를 치르는 그 전쟁통에도 스트레스를 음악으로 해소했던 학생이었다. 덕분에 지금은 음악이 재능이 되어버린 아주 좋은 케이스라고 볼 수 있었다.

왜 우리는 음악을 듣고 감동하는 것일까? 인간은 음악의 빠르기와 높낮이에 따라 명랑한 기분, 슬픈 기분 등 특정한 감정을 느끼게 된다고 한다. 즉, 어떤 음악을 듣느냐에 따라 그때의 기분을 선택할 수 있는 것이다. 음악을 통해 얻은 긍정적인 느낌은 엔돌핀과 도파민을 분비시키게 되는데 이 때문에 행복한 감정을 만들게 되는 것이며, 이는 결국 자존감을 향상하고, 우울증을 감소시키는 역할을 한다.

특히 클래식은 병원 음악이나 태교 음악으로도 널리 활용되고 있는데, 병원의 환자들은 스트레스 지수가 상당히 높은 편이기 때문에 클래식이 마음의 안정을 가져다줄 수 있다. 연구에 따르면, 클래식 음악이 혈압의 안정에도 상당한 영향을 끼치는 것으로 나타났다.

또한 집중력과 기억력을 자극하기 때문에 인간의 뇌 발달에도 많은 영향을 끼친다. 한 곡을 제대로 연주하기 위해서는 악보를 봐야 하고, 손가락을 직접 움직여야 한다. 그때 우리 뇌의 모든 영역을 활용할 수 있기 때문에 어린아이들에게 음악 교육은 아주 중요하다.

실제로 공부를 잘했던 상당수의 학생 중에는 어렸을 적부터 피아노를 오래 배웠던 아이들이 많았다. 미국 영재 쇼 야노도 그 좋은 사례이다. 그만큼 피아노는 양쪽의 뇌를 자극하기 때문에 학습적 능력 역시 함께 향상할 수 있었던 것이 아닐까 생각된다.

마지막으로 음악은 창조적 사고의 능력 향상에도 중요한 역할을 한다. 어떤 문제를 해결할 때, 일부러 본인이 좋아하는 곡을 틀어놓고 작업하는 사람들도 많이 있다. 결국, 음악, 미술, 체육은 꾸준히 접해주는 것이 아이의 정서에 좋다는 것이 결론이다.

우리나라는 보통 초등학교 3학년이 되면 국영수에 집중하느라 예체능을 많이 그만두곤 하는데, 오히려 음악이 가장 필요한 시기는 그쯤이다. 아이들의 뇌는 초3 이상이 되어야 제대로 음악을 연주할 수 있기 때문이다.

알면 알수록 인간의 뇌는 참으로 신비로운 영역이고, 계속해서 관심을 가져야 할 부분이라고 생각한다.

공부 잘하는 아이 엄마들의 특징

———◆◆◆———

　내가 본 공부 잘하는 아이를 키운 엄마들의 특징은 자신의 아이에 대해서 무한 신뢰를 보인다는 점이었다. 아이에게 적당히 선택권을 던져주고, 무엇이든지 억지로 강요하지 않았다. 입시가 마라톤이라는 것을 잘 아는 것이다. 초반부터 아이를 질리게 만들지 않는다는 것이 그녀들의 공통된 특징이었다.

　한 채널에 출연한 의대 엄마들의 인터뷰 내용이 인상적이었다.

　아이가 중학교 때 처음으로 학원에 가기 싫다고 하자 너무 쿨하게 가지 않아도 된다고 말씀하셨다고 한다. 이유인즉슨, 아이 역시 충분한 고민 끝에 엄마에게 말했을 것인데, 굳이 반대할 이유가 없었고, 그렇게 아이를 믿었기 때문이었다.

　학생 역시 엄마가 오히려 너무 쿨하게 자신의 선택을 인정해 주시니까, 오히려 미안한 마음이 들면서 더 다녀야겠다는 생각이 들었다고 말했다.

현명한 부모란 이런 것이다. 나는 그녀로 하여금 삶의 지혜를 엿볼 수 있었다. 나그네의 옷을 벗기는 것은 강한 바람이 아니라 따뜻한 햇살이었다.

이처럼 입시에 성공한 대부분의 엄마는 아이에게 학습 플랜을 짜는 법을 가르쳐주고 아이가 스스로 루틴을 정해서 꾸준히 해나갈 수 있도록 유도했다. 그렇게 스스로 학습을 계획하고 실행해 나가기 시작하니 잔소리 역시 줄어들 것이고, 아이와의 관계 역시 좋아질 수밖에 없다.

또 다른 서울대 의대생 어머님의 인터뷰에 의하면, 아이에게 플랜을 세우게 하고, 평일에 다 하지 못한 과제들은 주말에 꼭 다 채워나갈 수 있게끔 유도했다고 말씀하셨다. 가히 빈틈없는 그녀들의 세심한 관리에 감탄하지 않을 수 없었다.

온화함 속에 숨겨진 단호함이라고 해야 할까. 내유외강이라는 단어가 어울리는 그녀들이었다. 이렇게 훌륭한 학생 뒤에는 반드시 훌륭한 부모님들이 있었고, 그녀들에게는 각자의 소신이 있었다. 선행이 빠르지 않았던 학생들도 많이 있었는데 결코 조급함을 보이지 않았으며 묵묵히 내 아이 하나만 바라보면서 소신껏 가이드 역할을 해주었다. 1등을 못 했다고 해서 절대 잔소리를 하지 않았고, 끝까지 내 아이를 지지해 주었다.

마지막으로, 그녀들은 아이들과 사이가 상당히 좋았다. 대부분의 명문대 아이들의 부모님들은 공부하라는 잔소리를 거의 하지 않는다고 말씀하셨다. 혹시나 이미지 관리가 아니냐는 소리도 종종 들리곤 하지만, 나는 이 말이 기정사실일 것이라고 확신하는 바다. 왜냐하면 나는 친정엄마와 남동생의 관계를 통해서 직접 경험했기 때문이다.

공부를 잘했던 남동생과 친정엄마는 정서적인 궁합이 상당히 좋은 모자였기에 지금까지 큰소리 내며 싸워본 적이 한 번도 없다. 그만큼 남동생은 어렸을 때부터 순했고 모범생이었다. 엄마의 기대에 한 번도 어긋난 적이 없는 효자다. 그리고 엄마 역시 작은 일에 굳이 화내지 않으셨고, 항상 남동생을 믿어주셨다. 그렇게 아들도 분명히 엄마와 사이좋게 지낼 수는 있다.

쇼 야노 남매 엄마의 인터뷰 역시 인상적이었다. 아이들에게 억지로 공부를 강요하지 않았고, 공부를 하는 이유는 성공을 하기 위해서가 아니라 지식을 채울수록 나에게 행복감을 가질 수 있기 때문이라고 말씀하셨다. 그러한 가치관으로 인해 공부 때문에 아이들과 갈등을 불러일으킬 일은 없었던 것이다.

이처럼 소통이 원활한 행복한 가정의 아이들이 정서적으로도 건강하다. 부부가 아이들의 본보기가 되어주고, 자녀의 말에 귀 기울여 주며, 공감해 주는 것이 결국 모든 관계의 첫걸음이 아닐까.

칼 비데는 아버지의 칭찬과 응원 덕분에 자신이 자신감을 끝까지 유지할 수 있었으며, 유창한 6개 국어로 각 나라의 사람들과 대화할 수 있는 계기가 되었다고 강조했다. 그가 수많은 강연에서 용기를 잃지 않고, 두려움 없이 강의할 수 있었던 이유 역시 결국, 부모님의 무한지지 덕분이었다.

하지만, 공부 잘하는 아이들의 엄마들은 완벽하게 좋은 엄마였을 것이라며 나 자신을 자책하곤 하는데, 내가 그렇지 못하다고 해서 너무 주눅이 들 필요는 없는 것 같다.

세상에 완벽한 부모가 과연 몇이나 될까. 엄마의 있는 그대로의 모습을 보여주는 것도, 서로 다른 성향임을 인정하고 이해하며 보듬어 가는 것도, 아이에게는 상당히 중요한 경험이 될 것으로 생각한다.

아이를 키우다 보면 미처 나를 돌보지 못하고 여기저기 다친 마음을 헤아려주지 못한 채 그렇게 하루하루를 흘려보내기 마련이다. 힘들수록 나를 한 번 더 돌아보고, 내 마음과 생각들, 내 기분들을 조금 더 어루만져 주자. 우리도 한때는 누군가의 소중한 딸이었고, 또 누군가의 빛나는 꿈이었다는 것을 잊지 말자.

너무 애쓰지 않아도 괜찮다. 아이들은 그저 엄마의 믿음과 사랑만으로도 충분히 훌륭한 성인으로 성장할 수 있다고 확신한다. 완벽한 엄마가 되려고 노력하기보다는, 사랑과 신뢰가 넘치는 부모가 되어보는 것은 어떨까.

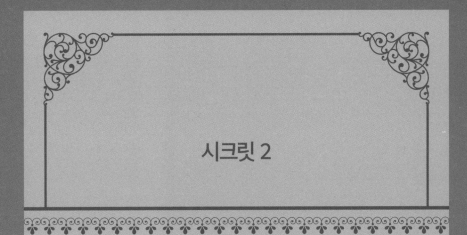

시크릿 2

상위 0.1%로
도약하는 비결

골든 브레인, 적기교육의 중요성

———◆◆◆———

아이가 초등학교를 입학하기 전까지 나는 아이의 두뇌 교육에 많은 신경을 썼다. 특히, 어느 한 영역만 발달하지 않도록 전반적으로 균형 잡힌 뇌 교육을 선호했기 때문에 다양한 자극을 주려고 노력했다.

가장 먼저 독서를 많이 해주려고 노력했고 특정 분야에 편중되지 않도록 했다. 그리고 다양한 활동을 통해서 오감 교육에 신경을 썼는데 특히 아이클레이, 물감놀이 같은 오감을 이용한 미술놀이를 자주 했다. 우리 아이는 만지고 노는 것을 너무 좋아한 나머지 집안에 클레이 세트가 줄줄이 이어지곤 했다.

이러한 뇌 발달을 위해서 가장 중요한 것은 가장 먼저 잘 먹이는 일인데, 탄수화물, 단백질, 지방, 무기질, 비타민 등을 골고루 잘 섭취해야 하는 것은 기본 중에 가장 기본이다. 당연히 좋은 영양분을 골고루 섭취하지 못한다면 아이들 뇌 발달 속도도 더뎌질 것이며, 평생의 지능에도 많은 연관이 있기 때문에 이 시기에 균형 잡힌 영양 식단은 매우 중요하다. 옛말에도 먹는 음식이 결국 그 사람을 만든다는 말이 있듯이 가능하면 사서 먹는 음식들보다는 집에서 직접 영양 식단을 만들자. 이 시기에 그렇게 조금만 애써둔다면 커서도 잔병치레로 고생할 확률이 줄어들게 된다.

영유아 시기에 균형 잡힌 영양과 더불어 중요한 것은 충분히 재우는 일이다. 아이가 어릴 때는 다양한 자극을 주다 보니 쉽게 피곤함을 느끼게 되면서 성인들에 비해 많은 양의 잠을 자게 된다. 아가들은 한창 엄청난 속도로 뇌 발달을 하다 보니, 12시간 정도의 깊은 잠을 자야 뇌가 잘 발달하게 된다. 영국의 한 저널에 의하면 불규칙한 수면을 겪은 아이들이 그렇지 않은 아이들에 비해 학습능력이 현저히 떨어지는 것으로 보고되었다고 한다.

계속 강조했듯, 아이들의 타고난 지능도 무시할 수는 없지만, 엄마의 노력 여하에 따라서 얼마든지 더 개선될 수 있다는 점은 부인할 수 없는 현실이다. 그래서 날이 갈수록 조기교육이 성행하고 있지만, 한 가지 주의할 점은 아이들의 뇌 발달 단계에 따라서 적기 교육을 해야 한다는 점이다.

6세 전후로는 우뇌가 발달하는 시기이기 때문에 언어교육과 예체능에 집중하는 것이 맞고, 수학은 그 후에 시작하는 편이 좋다. 학군지에서도 이런 정보를 미리 아는 일부 엄마들은 저학년까지 국어와 영어 교육에 조금 더 신경을 쓰는 편이다.

나 역시 음악과 미술교육에 신경을 많이 썼는데, 이는 아이의 감성지수에도 많은 영향을 끼칠 수 있기 때문이었다. 그때부터 지금까지 음악 교육을 계속 시켜주고 있고, 아마도 아이의 입시가 끝날 때까지 쭉 함께하지 않을까 생각된다. 그렇게 내 아이가 평생 영혼이 풍부한 성인으로 살아가길 바란다.

만약, 어린 시절에 언어능력을 키워놓지 못했다고 판단된다면 수학에 너무 무리하지 않는 편이 좋다. 자칫 두 마리 토끼를 다 놓치는 실수를 할 수 있기 때문이다. 국어와 영어가 어느 정도 기본이 탄탄히 잡혀 있을 때 수학을 시작하자. 수학적 뇌는 조금 늦게 발달되기 때문에 초3부터 시작해도 충분히 따라잡을 수 있다.

만약, 수학부터 쌓아 올리게 된다면 수학적 뇌 발달의 한계로 수학은 잘 나가다가 정체기가 올 것이고, 국어는 골든 타임을 놓쳐버려 회복 불가능한 지경을 맞이하게 될 수도 있다. 실제로 영어유치원에 다니면서 영어에만 집착하다가 초등 고학년에 국어 학원에 들어가기 위해서 입학 테스트를 보고 낭패를 겪는 아이들을 너무도 많이 지켜봤다.

반면, 아주 어린 시절부터 독서에 신경 썼던 학생들은 별다른 과외나 준비 없이도 국어 학원들 입학 테스트에 무난히 합격한다. 여기에는 기본적인 문해력이 한몫하는데, 어린 시절부터 잘 쌓아놨던 아이들의 언어능력이 비로소 빛을 발하는 순간이기도 하다.

이처럼 학습 전문가들은 어릴 때는 독서, 그다음 좌우뇌를 동시에 쓰는 과학탐구, 마지막으로 수학 교육에 집중할 것을 권한다.

또한, 다양한 체험활동을 통해서 자극을 주는 것도 아주 중요하다. 아이들은 오감을 통해서 직접 경험한 것들을 더 오래 기억하곤 하는데, 현장 체험을 통해서 알고 있던 이론적 지식을 직접 현실에 적용해 봄으로써 그 이해력이 향상되기 때문이다.

특히 과학실험은 그 결과를 탐구하는 과정에서 문제 해결 능력을 향상하기 때문에 많은 학생들이 어릴 때부터 경험하는 영역이기도 하다. 대치동에는 유초등 시절부터 다양한 과학 체험을 하는 프로그램들이 많았던 덕에 우리 아이 역시 직접 체험해 볼 수 있는 과학 교실을 종종 이용하곤 했다.

그렇게 많은 엄마들이 초등 저학년까지는 역사 체험, 과학탐구 실험, 자연 관찰체험 등등에 많은 신경을 쓰고 있다.

어릴 때부터 호기심 많은 똘똘이로 키우고 싶다면 체험활동 역시 절대 소홀히 하지 말자. 내 아이 학습의 비타민과 같은 역할을 해줄 것이다.

영유아기 독서를 통한 뇌 발달

나는 임신하자마자 태교에 관한 책들을 섭렵하기 시작했는데 그중에 가장 인상적인 책이 지쓰코 스세딕의 『태아는 천재다』라는 책이었다. 이 책은 임신을 해본 사람이라면 누구나 다 가지고 있을 정도로 유명한 스테디셀러다. 나는 이 책이 오늘날의 내 아들을 만들어냈다고 해도 과언이 아니라고 할 정도로 맹신하고 있는 편이다.

평범한 부모님 밑에서 태어난 아이큐 160 이상의 아이들, 저자는 그 이유가 결국 태교에 있다고 말했고 나 역시 지금까지도 그 말이 옳다고 생각하고 있는 바다. 이 책의 내용에 의하면 태내 교육을 5개월부터 시작한다. 나 역시 그 시기에 손을 많이 쓰기 위해 직접 요리를 해서 먹었고 다양한 책들을 섭렵하면서 읽고 공부하기 시작했다.

마이클 머제니치 박사는 학습이 뇌의 구조를 바꾸며 그 능력을 더 향상한다고 발표한 바 있다. 뇌 발달은 유아기에 가장 활발하게 일어나는데,

24개월이 지나면서 좌우뇌가 골고루 자리 잡히게 된다. 3~6세에는 인간의 종합 사고 기능을 담당하는 전두엽이 발달하기 시작한다. 읽기 능력을 통해서 독서가 습관으로 자리 잡게 된다면, 정보처리 능력과 전반적인 학습능력이 좋아진다는 것은 이미 널리 알려진 사실이다.

그렇게 만 3세가 되면 뇌의 80%가 완성되기 때문에 그 시기에 독서를 집중해서 읽게 된다면 뇌가 자연스럽게 발달하게 되는 것이다. 뇌 발달에는 적절한 시기가 있기 때문에 이 시기에 특히 독서에 신경을 써주는 이유이기도 하다.

태아가 배 속에 있을 때 책을 읽어주게 되면 가장 먼저 태아의 뇌를 형성하는 데 아주 큰 도움이 될 수 있다. 어린 시절에는 그림책을 주로 많이 보여주곤 하는데 다양한 그림들을 통해서 우뇌를 자극하는 효과가 있다. 아이의 출생 후 10세까지의 자극과 교육환경에 따라서 아이들의 인지 능력에도 상당한 차이를 보인다. 특히 영유아기 때는 엄마와 어떤 정서적 교류를 했느냐에 따라 앞으로의 아이 인생에 엄청난 영향을 끼친다는 연구 결과 역시 모두가 익히 알고 있는 사실이다.

또한, 임신 3개월이 아들의 뇌를 결정한다는 말이 있다. 연구 결과 남성 호르몬인 테스토스테론은 아들의 뇌를 만드는 데 결정적인 역할을 하며, 이러한 영향으로 아들은 끊임없는 움직임을 추구하기도 한다. 아들에게 무언가를 가르쳐 줄 때는 눈앞에서 직접 보여주는 것이 좋은데, 이는 곧 어린 시절에 다양한 체험학습들과 견학 활동을 권장하는 이유이기도 하다. 민감성과 창의성, 정교성을 키우기에도 체험학습들은 꽤 중요한 역할을 한다.

특히 전두엽은 인간의 사고를 담당하는 역할을 하는데, 감정의 뇌와 연결되어 있기 때문에 그중에서도 전전두엽이 제대로 발달하지 못하면 아이의 도덕성에 악영향을 끼치게 된다. 뇌 조직에서 생성되는 세로토닌은 안정적인 정서에 지대한 영향을 끼치게 되며, 이는 기초운동을 통해서 증가될 수 있기 때문에 아이의 운동 발달에도 반드시 신경을 써줘야 한다. 이처럼, 전두엽은 인간이 인간답게 살아내기 위한 아주 중요한 역할을 하는 것이다.

요즘 아이들은 태어나자마자 스마트폰을 너무도 쉽게 접하게 되는 경향이 있다. 이는 정말 뇌 발달에 치명적이다. 시력 저하뿐만 아니라, 강한 자극만 추구하다 보니 전두엽을 불안정하게 만들고 주의력 결핍 등의 문제를 일으키기도 한다. 하루 4시간 이상씩 스마트폰을 사용하게 되면 과잉 행동 장애를 일으킬 위험도 훨씬 더 높다고 한다. 고로, 가능하면 스마트폰을 멀리하고 부모가 몸으로 놀아주거나, 다양한 체험활동과 자극을 통해서 건강한 뇌 발달을 유도할 수 있도록 노력해야만 한다.

결혼 전 몇 년간, 아이들에게 독서 논술을 가르치면서 꾸준한 독서 교육을 통해 아이들의 문해력과 글쓰기 실력이 눈에 띄게 향상된다는 것을 직접 경험한 바 있다.

책 읽기를 좋아하지 않는 남자아이들이 억지로 엄마 손에 이끌려 논술학원을 찾아오게 되는 경우들이 대부분이지만, 그렇게라도 매주 꾸준히 독서 습관을 갖게 되면, 실로 문해력 향상에 엄청난 도움이 된다는 것을 느꼈다. '낙숫물이 바위를 뚫는다.'라는 말이 있듯이, 꾸준한 독서 습관은 아이들의 모든 학습 전반에 놀라운 변화를 불러일으키곤 한다.

『아들의 뇌』를 보면, 아들과 딸의 뇌는 다소 차이를 보이는데 남성의 뇌량이 여성에 비해서 10% 정도 적은 양이기 때문에 좌뇌와 우뇌 간의 소통 능력이 약하다고 한다. 고로, 아들의 읽기 능력이 딸의 읽기 능력에 비해 약할 수밖에 없으며, 이는 문해력과도 깊은 관련이 있기 때문에 종종 아들이 여자 친구들보다 국어 성적이 저조한 이유이기도 하다.

아이들의 뇌는 스펀지라는 말이 있듯이 그 시기에는 모든 것들을 흡수하고 받아들인다. 그렇다면 도대체 책을 읽어내는 동안 아이들의 뇌에서는 어떠한 변화가 일어나는 것일까? 뇌과학자들은 뇌를 발달시키는데 독서가 아주 중요한 역할을 한다는 것을 밝혀냈다. 뇌에 존재하는 시냅스들은 독서 자극을 통해서 그 기능이 더욱 활발해지고, 무수한 잠재력을 형성해 내기 때문이다.

다큐멘터리 〈읽기 혁명〉에서는 '책 읽는 뇌'에 관해서 실험한 적이 있다.

그 결과 영상으로 볼 때보다 독서로 접했을 때 아이들의 집중력이 훨씬 더 향상된다는 것을 알 수 있었다. 특히 전전두엽 부분의 활동이 왕성해지는 것을 볼 수 있었는데 이는 독서가 뇌 발달에 아주 지대한 영향을 끼치고 있음을 보여주는 아주 좋은 증거라고 할 수 있다.

종종 독서를 통해서 간접경험이 가능해진다는 말을 들어본 적이 있을 것이다. 인간의 뇌는 상상과 현실을 구분하지 못하기 때문에 책을 통해서 간접경험한 것들, 예를 들면 세계 여행 이야기나 동화를 통해 알게 된 상상의 세계 역시 실제 현실인 것처럼 생각할 수 있는 것이다. 그렇게 상상 훈련만 해도 실제로 운동하는 효과랑 똑같다고 한다. 이는 정말 엄청난 연구 결과다. 이미지 트레이닝만 해도 뇌를 변화시킬 수 있고, 끌어당김의 법칙을 현실에 적용할 수 있는 이유이기도 하다. 고로, 다양한 책을 통해서 간접경험을 하는 것은 어린아이들의 뇌 발달에 상당히 중요하다.

이처럼 착각을 통해서 새로운 지식을 간접경험하는 데는 독서가 아주 좋은 도구가 되기도 한다. 독서를 통해서 경험한 일들도 진짜처럼 여기기 때문에 뇌의 연결 구조도 바뀌게 되며, 그렇게 아이의 뇌는 다양한 학습과 경험으로 인해서 끊임없이 변화하게 되는 것이다. 체력적으로나 환경적으로 체험학습을 충분히 해줄 수 있는 여건이 아니라면 집에서 걱정만 하고 있지 말고 독서를 충분히 시키는 것도 또 하나의 방법이 될 수 있다.

하버드 출신의 뇌과학자인 엘리자베스 리커 역시 인간의 뇌는 얼마든지 업그레이드된다고 주장하고 있다. 미국과 타이완에서 수백 명을 대상으로 연구해 본 결과, 백 일 동안 실제로 인간의 뇌에 변화가 일어난 것이다.

'플라시보 효과'라는 말을 들어봤을 것이다. 한 집단에는 수면의 질이 좋다고 얘기하고, 반대의 집단에는 수면의 질이 좋지 않다고 얘기해 주었다. 그 후에 수면 후의 결과를 살펴보니 수면의 질이 좋다고 했던 그룹이 훨씬 더 깊은 잠을 잤던 것으로 나타났다. 그러한 플라시보 효과가 가능한 이유도 앞서 설명한 바와 같이 뇌가 실제와 상상을 잘 구분하지 못하기 때문이다. 그렇기 때문에 긍정적인 사고를 하는 것이 상당히 중요하다는 것을 알 수 있었다.

한때 세계를 놀라게 한 쇼 야노 천재 남매가 다큐멘터리에 등장한 바 있다. 쇼 야노 엄마의 교육법 역시 그 기반이 독서에 있었다. 그녀는 어린 시절부터 쇼 야노 남매에게 다양한 책들을 보여주면서 성장시켰다. 그렇게 홈스쿨을 통해서 대학을 조기입학 시킨 사례로써, 독서가 인간의 뇌 발달에 얼마나 지대한 영향을 끼치는지 또 한 번 깨닫게 되는 계기가 될 수 있었다.

이 밖에도 독서를 통해서 자녀를 훌륭하게 양성해 낸 사례들은 수도 없이 많다. 어떻게 해야 내 아이를 잘 키울 수 있을지 잘 모르겠다면, 지금 바로 아이와 함께 도서관으로 달려가자.

아이 연령별 독서 전략

————◆◆◆————

영아기(0~2세)

이 시기는 책을 하나의 놀잇감으로 인식하기 때문에 헝겊 책이나 두꺼운 종이로 된 책들을 많이 보게 되는데, 내용이 단순하고, 색이 알록달록한 그림책들을 좋아한다. 아이가 책을 자꾸 입으로 가져가는 경향이 있기 때문에 입에 닿아도 인체에 무해한 안전한 책들을 추천한다.

유아기(3~4세)

그림이 많고 간단한 문장으로 이루어진 책, 소리 나는 책, 스티커 붙이는 책들이 좋은데, 우리 아이는 특히 전래동화에 오디오 북이 포함되어 있는 책들을 참 좋아했다. 외출할 때도 들고 다니면서 유모차 안에서 보기 참 편하다. 엄마가 직접 읽어주지 않아도 되니까 자주 활용할 수 있다.

더불어 풍부한 언어 표현을 위해서 노력이 들어가는 시기이기도 하다. 우리말은 하나의 단어를 가지고도 여러 가지로 표현하기도 한다. '노랗다,

누렇다, 샛노랗다, 누리끼리하다' 등등 언어 표현이 풍부한 나라이기 때문에 아이들에게 색다른 자극을 주기에도 용이하다.

아동기(5~6세)

이해력이 발달하는 시기로 호기심을 불러일으키는 동화책들이 인기가 많다. 다양한 동화나 전래동화 등을 추천한다. 글밥이 점점 늘어나는 시기인 만큼 엄마도 읽어주기 쉽지 않지만, 그럼에도 불구하고 매일 꾸준히 아이의 읽기 독립을 향해서 달려야 한다.

이 시기부터는 아이가 스스로 책을 볼 수 있도록 유도하는 것이 좋다.

초등 3기(7~9세)

간단한 소설을 읽기 시작해도 좋다. 점점 글밥을 늘려가야 하는 시기이며, 언어교육을 조금 더 확실하게 시켜야 하는 시기가 맞다. 뇌의 두정엽과 측두엽이 발달하는 시기이기 때문에 외국어 교육과 쓰기 교육을 시작해도 좋다.

아이마다 언어능력이 천차만별이기 때문에 이 시기부터는 아이가 소화하는 대로, 책의 두께와 수준을 높일 수 있을 만큼 과감히 높여보길 추천한다. 이 시기의 독서력은 평생을 좌우할 만큼 아주 중요하다고 해도 과언이 아니다. 아이가 좋아하는 분야가 있다면 깊게 파고들게끔 유도해 보는 것도 좋다. 서서히 글밥을 늘려나가면서, 정독에 이어서 속독의 경지까지 이르게 되면 비로소 안심할 수 있다. 그렇게 아이 인생에 있어서 최고의 유산을 선물해 줄 수 있을 것이다.

아이들과 우리가 독서를 하는 이유

———◆◆◆———

필자는『나는 내 아이의 학습매니저다』첫 번째 책에서도 영유아기에 가장 중요한 요소로 독서와 뇌 발달을 강조한 바 있다. 많은 분이 그 시기의 구체적인 필독서와 노하우를 물어보셨는데 솔직히 말하면 그 시절 우리에게 필독서나 노하우 따윈 없었다. 왜냐하면 아이의 발달 단계에만 적당하다면, 그저 닥치는 대로 손이 가는 대로 많이 읽어주었기 때문이다.

그런데도 불구하고 굳이 특별한 노하우를 얘기하자면 하루도 빠짐없이 아이에게 책을 읽어주었다는 것이다. 혹시나 여행을 가는 날에도 아이의 책은 꼭 챙겨갔으며 실컷 놀다가도 자기 전에는 꼭 엄마 목소리로 직접 동화 구연을 했다. 오늘날 득음을 한 건 그 시절 목이 터져라 읽어준 덕분이라고 생각한다. 내 아이의 집중력과 이해력 역시 그 시절에 발달했다고 굳게 믿고 있다.

나는 A급, B급 가리지 않고 아이가 흥미 있어 하는 분야라면 그 어떤 책들도 가리지 않고 보여주었다. 중고 책 전집들도 숱하게 빌려 보기도 했고, 책장은 다달이 업데이트되기 일쑤였다. 솔직히 이 시기에는 많이 보여준다는 그 자체로도 충분히 의미 있는 행위이기 때문이다.

그 시절의 내 목표는 그저 책을 좋아하는 아이로 키우고 싶었을 뿐이었다. 아이가 성인이 되어도 지금의 나처럼 궁금한 정보들이 있을 때면 언제든지 도서관이나 서점으로 달려가서 원하는 장르의 책들을 섭렵할 수 있을 만한 내공을 쌓게끔 도와주고 싶었다. 그리고 영유아기 때 그 독서 습관을 탄탄하게 잡아준다면, 아이의 잠재력에 독서가 아주 뿌리 깊게 잡히지 않을까 그런 막연한 기대감 때문이었다.

그런데 가끔 독서를 꼭 많이 한다고 해서 국어 실력이 좋은 건 아니지 않냐며 반문하는 엄마들을 만나면, 이걸 어디서부터 설명해야 할지 매우 난감할 때가 있다. 그래서 차분하게 독서가 왜 중요한지 정리해 보는 시간을 가져보려 한다.

독서가 전전두엽을 자극함으로써 이해력과 집중력 향상에 도움을 준다는 사실은 이미 널리 알려졌다. 독서 교육과 뇌 발달에 관한 자세한 이론들은 이미 앞서 이야기한 바 있다.

앞으로 우리 아이들이 살아갈 시대에는 AI가 인간 삶의 대부분을 대체하게 될 수도 있다. 이런 시대에는 AI와 비슷한 인재가 아니라, AI가 갖지 못한 창의성, 직관력, 통찰력으로 무장한 인재가 더욱 절실히 요구될 것으로 보인다. 실제로 챗지피티(ChatGPT)만 해도 나날이 그 기술이 발달하여서 명령을 잘 지시할 수 있는 창의적인 사람들이 점점 더 유리한 고지에 서게 될 것이다.

이러한 창의성과 직관력, 통찰력을 신장시키기 위한 최고의 방법이 독서다. 특히 문학 같은 경우에는 독자가 등장인물들의 감정을 읽어내고 판단해 내야 하는 고도의 능력이 필요하므로 눈에 보이지 않는 그 너머 이상의 직관력을 키워주기에 좋다. 최근 베스트셀러들의 중심에 인문학 분야가 많이 자리 잡고 있는데, 인문학 역시 인간 심리에 대한 이해를 바탕으로 쓰인 책이기 때문에 AI가 대체할 수 없는 영역이기도 하다.

또한, 동화나 문학을 통해서 아이들의 감성을 키워주는 역할을 할 수 있다. 나날이 사회가 삭막해지고, 잔인한 범죄가 끊이지 않는 이유는 EQ의 부족에도 그 원인이 있다고 생각한다. 좋은 글과 그림을 보면서 감성을 채워준다면 조금 더 사람답게 사는 데 도움이 될 것이다.

즉, 독서를 하는 이유는 조금 더 인간답게 삶을 영위하기 위해서라고 정의하고 싶다. 단지 국어를 100점 맞기 위해서도 아니고, 논문을 잘 정리하기 위함도 아니다. 사람이 사람답게 살기 위해서, 그 목적이 가장 크다. 우리는 좋은 글을 읽으면 정서적 위안을 얻기도 하고, 내 생각과 저자의 생각을 비교하면서 지난날들을 반성하기도 한다. 그렇게 독서는 조금씩 더 나은 모습으로 발전할 기회를 제공한다고 해도 과언이 아니다.

어른이 될수록 나 자신과 가장 친밀해야 한다고 생각한다. 혼자 있는 시간을 즐길 수 있어야 하며, 그렇게 홀로 사색하는 시간을 통해서 창의성도 발전하게 된다. 그 시간을 가장 잘 활용할 수 있는 도구가 바로 '책'이다. 하루 종일 활동하는 데만 여념이 없다면, 창의성이 피어오를 기회가 사라질 것이다. 나 역시, 독서를 통해서 홀로 사색하는 시간에 많은 생각들이 꽃피어 오름을 느낀다. 그리고 그 시간은 정말 세상에 둘도 없는 귀한 시간이다. 그것을 깨닫고 난 뒤에는 타인에게 의지하는 습관이 많이 줄어들었다. 차라리 그 시간에 책 속의 전문가들을 통해서 그 분야의 고민을 해결하고, 나만의 노하우를 만들어 내는 게 훨씬 더 효율적이라는 것을 깨달아버린 것이다.

나는 각 분야의 전문가들을 상당히 신뢰하는 편이다. 그 분야에서 십년 이상의 내공을 가진 분들이라면, 의심할 여지 없이 그 경험을 바탕으로 한 조언들을 믿고 맡겨도 좋다고 생각한다. 무슨 일이든 책 속의 전문가들에게 자문을 구하자. 옛말에도 '책 속에 길이 있다.'라는 명언이 있지 않은가. 길을 헤맬 때마다 명쾌한 해답을 안겨 줄 것이다. 거기에 나의 생각과 창의성이 더해진다면, 누구나 다가올 시대의 주인공이 될 수 있다고 생각한다.

얼마 전, EBS에서 기획한 『당신의 문해력』이라는 책을 보고 적잖이 충격을 받은 바 있다. 어릴 때 문해력을 제때 키워주지 못하면 학습 부진의 원인이 된다는 내용이었다. 실제로 젊은 세대 직장인들이 보고서나 기획안

등에서 적잖은 어려움을 겪고 있다고 토로한다. 독서능력은 결국 수능 경쟁력과도 깊은 연관이 있는데 지금 바로 최근의 수능 지문을 한번 살펴본다면 바로 납득이 될 것이다. 읽기 능력 테스트라고 해도 과언이 아닐 정도로 실로 그 지문의 양이 엄청나게 방대하다.

생후 48개월 무렵은 문해력이 더욱 성장하는 시기라서 많이 신경 써야 하는 게 사실이다. 이 시기에 많은 책을 보여주고, 엄마가 조금만 더 애써준다면 한글 떼기 역시 속도가 빨라지게 될 것이고, 그렇게 되면 이후의 모든 학습에 긍정적인 영향을 끼치게 된다.

어떤 분이 나에게 보통의 아이들이 한글을 떼는 데는 얼마나 걸리느냐며 단도직입적으로 물어보셨는데, 솔직히 아이의 그 능력은 그동안 얼마나 한글 책 인풋을 많이 했느냐에 따라 달라진다. 앞집 아이는 한글을 금방 뗐는데 왜 우리 집 아이는 습득이 이렇게 느린가를 걱정하기 이전에 그동안 내가 한글 책을 얼마나 잘 읽어줬는지를 돌아보는 편이 더 현명할 것이다.

이렇게 어린 시절은 독서를 통한 뇌 발달이 중요한 시기임에도 불구하고, 우리나라를 비롯한 전 세계의 아이들이 서서히 스마트폰에 중독되어 중요한 시기를 놓치고 있다. 아이들은 이미 독서보다 스마트폰에 더 익숙해져 있는 것이다. 특히 아이들의 게임중독으로 인해 엄마들의 고민이 심각하다. 주로 승부욕이 강한 아이들이 게임중독에도 잘 빠지는데 스마트폰 게임에 중독된 아이들은 순간의 자극에 집중하기 때문에 무언가를 열심히 몰입해서 노력하는 과정을 겪고 싶어 하지 않는다.

도파민이란 뇌의 신경전달 물질 중의 하나로 몸에서 발생하는 화학 물질로, 항상 적정수치가 필요하다. 쾌락에 지나치게 의존하게 되면 도파민 중독으로 이어지게 되는데 이는 여러 문제를 일으킬 수 있고, 누구나 도파민 중독에 걸릴 수 있다.

전문가들이 중독치료에서도 강조하는 점은 아무리 의지가 강하더라도 중독을 이길 수 있는 사람은 거의 없다는 것이다. 때문에 가장 좋은 방법은 중독 환경을 차단하는 것이다. 그래서 알코올 중독자들이 스스로를 치료하는 데 가장 효과적인 방법은 병원에 입원해서 주변 환경을 차단하는 것이다. 고로, 스마트폰도 되도록 가지고 다니지 않는 것이 그 중독을 막을 수 있는 가장 효과적인 방법이다.

헌데 아이들 역시 의지력을 가지고 꾸준히 실천하기가 쉽지 않기 때문에 일정 루틴을 정해주는 것이 상당히 중요하다고 한다. 즉, 도파민에 노출되기 쉬운 환경을 차단하고, 꾸준히 독서환경을 조성해 주는 것만이 최선의 방법이 될 것이다.

공부 연결 독서법

세계적인 '독서의 신' 레오나르도 다 빈치 역시 책을 통해 그 명성을 떨친 위인이다. 그는 다독을 통해서 지적 갈증을 해결하였고 고전, 과학, 수학 등등 다방면의 호기심들을 풀어냈다. 에디슨 역시 그의 어머니가 그를 '독서광'으로 이끌어주었고, 그것을 기반으로 위대한 발명의 업적을 이루어 낼 수 있었다. 그는 특허 수가 천여 종이 넘는데 호기심과 탐구력이 왕성하여 결국 세계적인 천재가 된 것이다. 이처럼 세계적인 위인들 가운데는 독서를 통해서 잠재되어 있던 뇌의 확장을 끌어낸 사람들이 많다. 이는 우리가 아이들에게 독서를 강조해야 하는 또 다른 이유이기도 하다.

특히, 한 권의 책을 깊게 정독하는 습관이 가장 중요하다. 무조건 빠르게 읽는다고 좋은 것도 아니고 사고의 확장에 더 신경 써야 한다. 최근 하버드 독서법이라는 말이 등장하기 시작했는데, 그들의 일상생활을 관찰한 결과 하버드 학생들은 정확한 목적을 가지고 독서를 하고 있었다. '나는 여행을 갈 거야. 나는 역사에 대해서 깊게 공부하고 싶어.'라는 목표가 분명한 독서를 하고 있었다. 또한 그들은 같은 주제의 책들을 동시에 여러 권씩 읽는다고 한다. 그렇게 진행하게 되면 여러 지식들을 한꺼번에 습득할 수 있는 이점이 있기 때문이다.

또한 한 권의 독서가 끝난 후에 그 내용을 요약하는 연습을 하면 상당히 많은 도움이 되는데 필기를 싫어하는 아이라면 말로 요약하는 연습을 시켜봐도 좋을 것 같다. 실제로 국어시험에서도 지문의 핵심 내용을 잘 파악하는 아이들이 점수가 잘 나올 수밖에 없다. 고로, 요약하기는 매우 중요한 독후 활동 중의 하나이기도 하다.

우리나라 성인의 실질 문맹률이 OECD 최고 수준이라고 알려진 적이 있었다. 즉, 글을 읽을 수는 있으나 문해력이 떨어지는 것이다. 때문에 사회생활을 할 때도 적잖은 곤란을 겪는 사람들이 많다. 수많은 보고서가 전부 텍스트로 이루어져 있으니 그 안에서 일어나는 자잘한 어려움이야 불 보듯 뻔한 일이다.

이러한 성인 문맹률을 낮추기 위해서는 초등 시절에 책 읽기 훈련이 많이 되어 있어야 한다. 같은 학년이라도 이 시기에 독서를 잘 흡수해 주느냐 아니냐에 따라서 그 언어능력이 개인마다 현저한 차이를 보인다. 같은 1학년이라도 고학년 수준으로 문해력이 발달한 아이들이 있는가 하면 정반대의 아이들도 많기 때문이다. 부모가 조금만 더 관심을 가지고 어떠한 환경에 노출하느냐에 따라서 내 아이의 읽기 능력이 달라질 수 있다.

그런데 안타까운 현실은 많은 부모님들이 아이들의 문해력을 과대평가하고 있다는 것이다. 상담할 때 보면 우리 아이는 읽기 능력이 뛰어나서 별다른 걱정을 해본 적이 없다고 말씀하시지만 영어 수학에만 치중했던 그 시간은 여지없이 빈틈으로 드러나게 되어 있다. 충분히 독서해야 할 그 시간에 다른 과목에만 신경을 썼으니 어찌 보면 당연한 결과라고 생각한다.

아이의 독서 수준을 높이고 싶다면 처음부터 너무 어려운 책들을 접하게 하지는 말자. 어떤 어머님은 책을 좋아하지도 않는 남자아이에게 앞으로의 입시를 위해서는 어려운 철학 논술 책을 읽어야 한다면서 그룹으로 팀을 만들어서 수업을 하기도 하는데, 예상대로 그 친구는 오래 가지 못하고 몇 달 만에 독서를 더 질려하는 결과를 불러일으켰다.

처음 책을 접하는 아이들에게 가장 중요한 것은 흥미이다. 일단은 책을 보는 행위에 익숙해져야 하므로 아이의 지적 호기심을 자극하고 스스로 점점 더 어려운 책을 읽어나갈 수 있도록 좋아하는 분야의 책들을 먼저 접하게 해주는 편이 좋다. 아이들에게 책을 읽는 것은 즐거운 일이 되어야 한다. 누가 시켜서 억지로 읽는 독서는 절대 오래가지 못한다.

아이들이 읽고 쓰는 것을 싫어하는 이유 역시 그 주제에 관심이 없기 때문이다. 그러므로 아이의 관심을 책과 연결하는 것은 상당히 중요하다. 그렇게 그 분야의 책들을 깊게 탐독하다 보면 결국 또 다른 지식의 세계로 확장할 수 있기 때문이다. 일단 본인이 아는 분야들이 나오면 흥미를 느낄 수밖에 없다. 평소에 노출된 환경 속에서 우리 아이가 좋아할 만한 분야가 어떤 것인지를 고민해 보고, 서점에 같이 가서 직접 고를 것을 권한다. 누구나 재미가 있으면 더 하고 싶고, 계속하다 보면 잘할 수밖에 없다. 그리고 잘하게 되면 그 일을 더 계속하고 싶어지는 선순환이 일어나기 마련이다. 때문에 일단은 흥미에 기반을 두고 아이를 책과 친하게 유도하는 것이 가장 중요하다.

이때 처음부터 지나친 독후활동은 삼가자. 책을 읽을 때마다 매번 글쓰기나 토론에 치중한다면 아이는 책 읽기가 하나의 의무처럼 되어버려 재미를 느끼지 못할 것이다. 일단은 책과 친해지는 것을 목표로 삼자.

아이가 어릴 때는 권장 도서에 대한 강박도 갖지 말고 아이의 즐거운 독서 습관에만 올인하도록 하자. 그렇게 읽기 독립이 완벽하게 자리 잡고 난 이후에 글쓰기나 토론 같은 독후 활동이 들어가는 편이 더 좋다.

아이가 책을 좋아하지 않거나, 읽기 독립이 필요한 시기라면, 잠들기 전에 거실에 읽을 만한 책들을 쭉 깔아놓고 아이를 재우면서 "다음 날 아침에 혹시 네가 먼저 일어나면 거실의 책들을 읽고 있자."라면서 끊임없이 세뇌를 시켰다. 그리고 그다음 날 아침이 되면 나는 계속 자는 척을 했고 아이는 혼자 조용히 거실로 나가서 책을 보기 시작했다. 그 시절 우리의 읽기 독립은 그렇게 완성이 되었다. 이 방법을 꼬꼬마 엄마들이 한 번쯤은 꼭 실천해 보길 권한다.

이렇게 독서 습관이 잘 잡혀 있으면 추후에 교과 연계 독서를 통해서 공부 독서로 연결 짓는 것도 중요하다. 교과서마다 수록된 도서목록들을 점검해 보고 미리 읽어보게 한다든지 교과 내용과 연관된 역사, 과학 등등의 책들을 연결해 주는 것이 좋다.

읽다가 모르는 단어나 내용들을 스스로 검색해 보거나 확인해 보는 습관은 나중에도 자기주도학습으로 연결 짓는 아주 중요한 공부 습관이 될 수 있다. 이는 아이들이 독서를 단지 독서로만 끝내지 말아야 할 중요한 이유이기도 하다.

중고등학교에 진학하게 되면 대부분의 수행평가들은 말하기와 쓰기가 주를 이룬다. 즉, 적재적소에 알맞은 어휘를 사용하는 능력은 어릴 때부터의 독서와 글쓰기 습관을 통해서만 키워줄 수가 있기 때문에 이는 전반적인 학습능력으로 연결되는 아주 중요한 무기가 될 것이다.

꾸준한 수학 공부의 비밀

—◆◆◆—

"엄마, 앞으로는 AI가 사람보다 수학을 더 잘하지 않을까요? 이렇게까지 수학을 열심히 해야 하는 이유가 뭐예요?"

아이의 질문에 말문이 턱 막혔다. 그도 그럴 것이 나 역시 같은 생각을 했기 때문이다. 지금은 '단지 입시에 필요하니까?'라는 대답밖에 해줄 수가 없었다. 아이에게 그 해답을 찾아주기 위해 고군분투하던 어느 날, 놀라운 사실을 발견했다.

지난 십여 년 동안 수학 문제를 풀 때 우리의 두뇌에서 어떠한 변화들이 생기는지를 연구한 결과 적절한 가르침을 받는다면 누구나 수학을 잘할 수 있다는 사실을 알아냈다고 한다. 또한, 국립정신건강센터의 연구진들 역시 매일 꾸준히 연습 문제를 푼 사람들의 두뇌에 구조적 변화가 생겼다고 발표한 바 있다. 즉, 공부할수록 우리의 뇌는 끊임없는 자극을 받고 뇌세포가 증가한다. 그렇기 때문에 꾸준히 수학에 접근한다면 평범한 아이들도 누구나 수학을 잘할 수 있다는 것이었다.

이러한 연구 결과에 따르면, 실로 영재는 후천적으로도 얼마든지 만들어질 수 있는 것이다. 그리고 아무리 타고난 수학 지능이 높더라도 추후에 노력하지 않는다면 퇴화할 수도 있다. 인간의 신체 부위 중에 가장 늦게 노화되는 것이 뇌라는 사실을 알고 있는가. 끊임없이 공부한다면 나이가 들어도 얼마든지 총명한 사람으로 살 수 있기 때문에 우리가 계속해서 공부해야 하는 이유이기도 하다.

옥스퍼드 대학 연구팀이 수학과 뇌 발달에 대한 논문을 발표한 바 있었는데, 한 그룹은 꾸준히 수학을 시켰고, 다른 그룹은 16세부터 수학 공부를 시키지 않았다. 그런데 수학 공부를 시키지 않은 그룹에서 19개월 뒤, 뇌의 인지능력에 영향을 주는 '감마아미노뷰티르산'의 양이 줄어들었다고 한다. 이는 꾸준히 공부하는 것이 얼마나 중요한 것인지를 여실히 보여주는 연구 결과이기도 하다. 수학 교육, 내 아이의 뇌 발달에 아주 지대한 영향을 끼친다는 점을 확실히 인지하고, 내 아이에게도 지속적으로 강조하여 공부 동기부여에 도움이 될 수 있도록 해야 할 것이다.

선행학습은 아이 깜냥껏

가끔 선행학습을 할 필요 없다는 사람들을 만나면 이해할 수가 없다. 그렇다면 전쟁통으로 끌려 나가는 아이들에게 무기도 없이 보내란 말인가. 나 역시 아이가 어린 시절, 이해할 수 있는 선에서는 반드시 선행을 시켰다. 우리 아이는 어느 정도 준비가 되어 있을 때 더 자신감 있게 잘 해내는 아이이기 때문에 매사에 예습이 필요한 아이였다.

물론, 무리한 선행은 뇌 발달에도 악영향을 끼친다는 사실은 이미 널리 알려진 바 있다. 하지만, 아이가 선행의 과정을 좋아하고 즐긴다면 무조건 찬성이다. 나는 아이가 어릴 때부터 선입견을 품지 않으려고 노력했다. 아이들은 머릿속이 백지상태이기 때문에 어떤 문제가 주어졌을 때 그에 대한 난이도 개념이 없다. 그 문제가 어려운지 쉬운지를 판단하는 기준은 단지 어른들에게만 있을 뿐이다.

'이 문제는 아직 네가 풀기에는 어려우니까 좀 미뤄두도록 하자.' 어릴 때부터 이런 마인드는 좋지 않다고 생각한다. '너도 이 정도쯤은 충분히 해낼 수 있을 거야.'라는 태도가 아이로 하여금 모든 학습에 있어서 개방적인 자세를 갖게 하는 밑거름이 되었다고 생각한다.

가끔 "선행을 했지만 모의고사 점수가 잘 안 나오는 아이들을 보면 한심하다. 시간이 아깝다."라고 말씀하시는 분들도 많은데 그건 하나만 알고 둘은 모르는 소리다. 엄마들이 선행을 할 때는 처음부터 완벽해지길 바라고 시작하는 것이 아니다.

아이가 걸음마를 떼기 위해서는 천 번을 넘어져야 한다는 말이 있듯이 수학도 반복만이 유일한 해답이라는 것을 너무도 잘 알기 때문이다. 아이들의 뇌는 한정적이기 때문에 한꺼번에 많은 정보가 들어가게 되면 그다음 정보를 받아들임과 동시에 이전의 지식은 빠르게 잊어버리는 특징이 있다.

어찌 보면 잊어버림은 당연한 이치인 것이다. 그런데도 불구하고 선행을 시키는 이유는 아이들이 한 번 다녀와 본 길은 두 번째 때 더 여유 있게 갈 수 있기 때문이다. 물론 고등 내신에서 만점을 맞으리라는 보장은 없다. 하지만 내 경험상 일찍 수학 선행을 경험하게 되면 다른 과목을 시작할 때도 훨씬 더 마음에 여유가 생기고 아이도 '내가 벌써 이만큼이나 해냈네. 앞으로 탄탄히 다지면 되겠어.'라는 자존감이 차올라서 앞날에 대한 두려움이 사라지게 된다. 공부에 있어서 두려움을 제거한다는 것은 엄청난 자신감의 시너지를 줄 수 있다. 물론 제 학년 심화가 더 중요하다는 것은 나 역시 인정하는 바다.

실제로 학군지에서는 매년 사교육계의 커리가 달라지고 있다. 만약 그 해에 더 선행이 빠른 아이들이 나타난다면 다음 해에는 더 앞선 커리를, 또 그다음 해에도 더 앞선 커리를 계속해서 만들어 내기 때문이다. 아이들의 변화 속도가 빠르고 나날이 진화하고 있다는 것이 사교육계의 입장이다. 그 중심에 엄마들의 발 빠른 정보력과 실천능력이 있었다.

엄마들은 반드시 내 아이의 능력과 가능성을 바탕으로 입시 커리를 선택해야만 한다. 수학적 잠재력이 높지 않은 아이를 무작정 끌고 간다고 해서 최상위 아이들처럼 따라갈 수는 없다. 아이가 끝까지 선행을 할 수 있는 힘은 그 과목에 대한 흥미라고 생각한다. 그렇지 않으면 아이에게는 선행학습을 하는 시간이 고통스러운 과정이 될 뿐이다. 그렇다면 아이들이 공부를 오래 꾸준히 즐기게 만드는 방법은 없을까?

공자는 목표 의식 없이 남에게 허세를 부리기 위한 공부는 절대로 오래갈 수 없다고 주장했고, 맹자의 어머니는 '맹모삼천지교'를 통해서 공부 환경의 중요성을 강조하였다. 이는 아주 오랜 시간이 흘렀음에도 불구하고, 오늘날까지도 공부의 본질을 꿰뚫고 있는 명언이다. 실제로 대치동에서는 보여주기식 공부를 하는 아이들이 많다. 앞선 개념이 궁금해서 진도를 나가기보다는 단지 주변 아이들이 선행이 빠르니까 나도 질 수 없다는 심정으로 달리는 것이다. 수학적 호기심으로 무장하지 않은 아이들이 과연 얼마나 롱런을 할 수 있을지 의구심이 들었다.

또한, 공부할 수 있는 최적의 환경이 조성되어 있는 것이 사실인데 주위를 다 둘러봐도 온통 학원과 공부하는 학생들밖에 없으니 아이들은 오늘도 공부하는 것을 아주 자연스럽게 받아들인다. 집에서는 조금 게을러지거나 해이해질 수 있지만 학원 문을 열고 들어서는 그 순간 너도나도 다 공부를 하고 있으니 아이들 역시 다시 탄력을 받고 공부를 하게 되는 것이다.

선행을 달리게 되고, 공부를 열심히 하게 되는 원동력은 간절함이라고 생각한다. 공부 동기와 목표가 있는 아이들이 확실히 좋은 성과를 내기 때문이다. 또한 그 꿈을 이룰 수 있다는 긍정의 힘과 자기 확신의 자세는 정말 중요한 것 같다.

실제로 대치동 엄마들은 아이들의 동기부여를 위해서 오늘도 많은 신경을 쓴다. 나 역시 공부 성공 사례 인터뷰 채널들을 하나씩 보여주면서 아이가 은연중에 스스로 느낄 수 있도록 노력하고 있다.

공부도 본인의 레벨에 맞게 단계를 올라가야 더 흥미를 느낄 수 있기 때문에 선행은 그런 의미에서는 큰 장점이라고 생각된다. 물론, 맹목적인 선행은 지양하는 바지만, 인간의 뇌는 도전을 하는 것도 아주 좋아하기 때문에 한 단계씩 난이도를 올리면서 아이에게 수학적 도전을 할 수 있는 기회를 주는 것은 매우 중요한 일이다.

그렇게 아이가 호기심이 많고 즐거워하는 과정이라면 얼마든지 즐겁게 선행해도 좋다고 생각하는 입장이다. 하지만, 선행과 함께 신경 쓸 부분은 현행 심화다. 선행과 더불어 아래 단계의 심화를 탄탄하게 투 트랙으로 밟아 올라가는 아이들이 많은데, 예를 들면 고등 선행과 동시에 중등 심화를 병행하기도 한다. 제 학년의 심화를 통해서 다시 한번 다지게 되는 과정을 경험할 수 있기 때문이다.

위대한 물리학자 리처드 파인먼에게 수학이라는 과목은 매우 흥미로운 취미활동이었다고 한다. 누구도 즐기는 자를 뛰어넘을 수 없다는 말이 있듯이 아무리 수학적 지능이 뛰어나도 스스로가 즐겁게 느끼지 않는다면, 수학 선행 역시 쉽게 해낼 수 없는 영역이라고 생각한다. 이들에게 수학 선행은 그저 지적 호기심을 풀기 위한 방법이었을 뿐이다. 누가 그들에게 감히 수학 선행을 미리 했다고 비난할 수 있겠는가.

뇌는 언제나 새로운 자극을 좋아하기 때문에 또 다른 개념을 받아들이고 반복으로 인한 지루함을 달래는 의미에서, 선행이 어느 정도는 아이들에게 긍정적인 효과도 가져다줄 수 있다는 것이 필자의 견해이다.

사춘기의 뇌를 알아야 슬럼프를 예방한다

＋◆◆◆＋

빠른 아이들은 초등학교 4학년쯤 되면 정신적인 사춘기부터 시작된다. 슬슬 엄마 말을 안 듣기 시작하고, 꼬박꼬박 말대꾸를 한다. "너 숙제는 다 하고 게임하는 거니? 너 엄마 말은 듣고 있는 거니? 왜 네 할 일을 안 하니?" 기타 등등 수많은 잔소리들이 사오정 나방들처럼 쏟아져 나오기 시작한다. 아들은 아무리 잔소리를 해도 듣지 않는다. 그러다 보면 점점 내 목소리만 커지고 급기야 화를 내며 마무리하기가 일쑤였다.

그러던 어느 날, 유튜브에서 정신의학과 교수님의 채널을 통해서 아이들의 사춘기 시절에는 그들을 하숙생처럼 대하라는 말을 듣고 그날부터 나는 내 아이의 하숙집 주인이 되기로 결심했다. 쓸데없는 질문은 일절 하지 않고 의식주에만 신경 써주기로. 가끔 숙제 잔소리 정도는 나도 모르게 툭툭 튀어나오곤 했지만 아이와 거리를 두기로 결심하니 슬슬 나 자신에 대해서도 생각해 보는 계기가 되었다. 그날부터 다시 자판 앞에서 키보드를 두들기게 됐고 급기야 내 책을 출판하기까지. 그렇게 아들의 사춘기가 오늘의 엄마를 만들어 준 것 같다. 전화위복이라고 아들과의 거리두기를 전환점으로 내 일을 다시 시작하는 계기가 되었다.

아들과 딸의 뇌는 엄연히 다르다. 아들의 감정은 무심함이 대부분이라서 읽어내기 어렵다고 한다. 아니, 남자의 뇌가 그렇다. 사춘기가 오면서 나는 아들의 뇌를 남자의 뇌로 생각하고 대하기 시작했다.

『화성에서 온 남자, 금성에서 온 여자』. 그때 배웠던 지식을 활용해 보기로 마음먹었다.

'그래. 아들은 가끔 사춘기 동굴 속으로 들어가는 거야.'

학계에 의하면 남성의 언어능력은 뇌 양쪽에서 담당하는 여성과 달리, 좌뇌 한쪽에서만 담당한다고 한다. 그래서 여성이 멀티가 더 가능하다는 것은 이미 모두가 알고 있는 사실이다.

고로, 아들이 엄마의 섬세한 마음을 알아주기를 기대하지 말자. 그들에게 그것은 매우 어려운 일이다. 주로 청각보다 시각에 반응하기 때문에 소리 지르는 것보다 면전에서 바라보며 설명하는 것이 효과적이다. 또한 언어로 표현하는 일이 익숙지 않기 때문에 매사 설명해 내는 일에 능하지 못하며 직접 경험해 보는 체험학습이 효과적이라고 한다.

그래서 나는 오늘도 유튜브에 집중해 귀가 막힌 아이에게 멀리서 여러 번 소리를 꽥 지르다가, 정신을 차리고 면전에 대고 눈을 맞추고 밥 먹으라고 단호하게 이야기했더니 제법 잘 수행한다.

뇌의 신경전달물질은 사람의 감정을 좌우하게 되는데, 기억과 학습에도 영향을 끼치게 된다. 즉, 정서적으로 안정된 상태에서는 집중도 잘하고 학습능력이 향상되지만, 반대의 경우에는 전혀 다른 결과가 나오기도 한다. 고로 아이 앞에서는 잦은 부부싸움을 최대한 자제해야 하는 것이 맞다.

그렇게 사춘기의 뇌에는 엄청난 변화들이 일어난다. 자신의 의지대로 행동하고, 감정이 롤러코스터를 타는 이유이기도 하다. 하지만 감정조절 능력은 인간이 인간답게 생활하기 위해서 꼭 필요한 능력이다. 어렸을 때부터 이러한 능력들을 키워준다면 사춘기가 와도 그 조절 능력을 유지할 수 있을 것이라고 생각된다. 감정을 통제하는 능력도 결국에는 습관에 의해서 길러지는 것이기 때문이다.

얼마 전 아이와 함께 〈인사이드 아웃 2〉라는 영화를 봤는데 사춘기 아이들의 감정선을 이해하기 쉽게 설명해 놓았기 때문에 많은 도움이 되었다.

"지금 화가 올라오는구나? 화남이 들어가고 기쁨이 나오라고 하자."

요즘 아들이 화낼 때마다 내가 주로 하는 말이다. 그럴 때마다 아들도 깔깔 웃으면서 엄마를 따라 한다. 그렇게 무거웠던 분위기가 엄마의 농담으로 인해 다소 가라앉기도 한다. 그렇게 나는 인간관계에 있어서 위트의 중요성을 매번 느끼며 살고 있다.

사춘기가 되면 공부를 열심히 하던 많은 아이들에게 슬럼프가 찾아오게 된다. 이는 오랜 시간 집중해서 공부해야 하는 아이들을 방해하곤 하는데, 그 정체기 동안 엄마들의 가슴속에서는 천불이 나기 마련이다.

이 시기를 대비해서라도 미리미리 독서력을 키워두고 예체능을 많이 해둘 것을 권한다. 이미 독서를 취미로 삼아버린 아이들은 이러한 혼돈의 시기가 와도 책을 통해 자아를 성장할 수 있고, 예체능을 통해서 스트레스를 조절할 수 있는 힘을 갖게 된다. 그렇기 때문에 조금은 무난한 사춘기를 보낼 수 있을 것이라고 생각된다.

대치동 엄마들은 이러한 사춘기를 대비해서 미리 선행을 하라고 권한다. 나 역시, 경험해 본 바에 의하면 사춘기가 오니 아들의 학습량이 현저히 줄어듦을 느꼈다. 이 시기에는 타인의 비판이나 평가에 아주 민감하기 때문에 말 한마디 한마디에 조심해야 한다. 부모들에게는 반항기로 느껴지겠지만, 아이들에게는 또 한 번 성장하는 전환점이 되는 시기이기도 하다. 그렇게 이 시기를 잘 겪어내야 온전한 성인으로 자리매김할 수 있을 테니 엄마가 조금만 더 인내를 가지고 기다려주기로 하자.

아이는 엄마를 보면서 오늘도 또 다른 삶을 배우고 있다. 나는 어떤 부모가 될 것인가. 내 모든 것들을 보면서 똑같이 흡수하고 있다고 생각하면 부모라는 위치는 결코 쉽지 않은 자리가 맞다. 오늘도 나는 내 아이에게 어떤 부모인지, 반성해 보는 시간을 갖도록 하자.

극상위들이 가지고 있는 그릿, 근성

—◆◆◆—

성공한 사람들의 특징 중의 하나가 바로 끈기, 즉 근성이다. 시작한 일이 있다면 반드시 끝을 보는 습관은 그래서 매우 중요하다.

아리스토텔레스는 좋은 직업의 정의를 '일에 전념할수록 즐거움을 느낄수 있고, 자신의 실력을 인정받을 수 있어야 한다.'라고 단언했다. 그리고 나 역시 공감하는 바다. 그렇다면 이렇게 나에게 맞는 좋은 직업을 선택할 수 있는 기준이 과연 무엇일까? 이는 바로 끝까지 몰입할 수 있느냐 없느냐로 구분 지어도 좋을 듯하다.

대부분의 최상위권이 의대를 목표로 달리고 있다. 물론, 본인이 하고 싶고 잘할 수 있는 일이라고 판단돼서 목표로 삼는 것이라면 절대 말리고 싶지는 않지만 단지 부모의 만족에 의해서라면 솔직히 말리고 싶다.

앞으로 우리 아이들의 미래는 지금의 모습과는 또 다른 신세계를 맞이할 것이다. 요즘 MZ세대들의 특징 중의 하나가 힘든 일을 끈기 있게 해내는 근성이 다소 부족하다는 점인데 그것을 극복할 수 있는 유일한 방법은 바로 본인이 좋아하는 일을 선택하는 것이다. 사람은 자신이 좋아하는 일을 해야 그 분야에 미친 듯이 몰입을 할 수 있고 결국 탑의 경지에까지 이르게 될 수 있다.

반대로 타의에 의한 목표는 쉽게 무너질 수 있다. 내가 왜 이 길을 가야 하는지 뚜렷한 동기부여가 없기 때문에 그 분야에서 탑이 되긴 쉽지도 않을뿐더러 조금만 시련이 닥쳐와도 쉬이 포기하기 쉽다. 왜냐하면 애초부터 내가 원한 길이 아니었고 부모님이나 성적에 의한 선택이었기에 간절함이 없기 때문이다. 그러니 그릿을 끌어 올릴 수 있는 방법은 바로 좋아하는 일을 선택해서 잘하게 만드는 것이다.

우리가 흔히 과제집착력이라고 일컫는 그 근성은, 본인이 하고 싶은 일을 할 때 더욱 큰 시너지를 발휘할 수 있다. 우리 아이는 왜 과제집착력이 없을까를 고민하기 이전에 우리 아이가 좋아하는 것들을 아직 발견하지 못한 건 아닐지를 먼저 고민해 보자. 혹시 아이가 하기 싫은 것들만 꾸역꾸역 억지로 시켜버렸던 것은 아닌지.

과학계의 천재인 뉴턴은 원하는 무언가를 발견해 낼 때까지 끊임없이 그 문제를 고민했던 집념 덕분에 마침내 여러 가지 실험의 이론들을 정립했고, 그 분야의 일인자가 될 수 있었다. 그렇게 그가 미친 듯 한 가지 일에 집중할 수 있었던 이유는 바로 그가 좋아하는 일이었기 때문이다. 누가 시키지 않아도 내면에서 스스로 열정을 끌어올릴 수 있었던 이유이기도 하다.

반면, 딱히 좋아하지 않는 무언가를 끈기 있게 하기 위해서는 습관으로 만들어주는 것이 중요한데 아이들의 습관을 만들어주기 위한 시간은 3주면 충분하다고 한다. 3주 동안 꾸준히 일정한 루틴으로 일정 시간에 반복하게 되면 저절로 습관이 된다는 말이 있다. 이는 시냅스의 형성에 필요한 시기와도 같다. 그렇게 딱 3주만 루틴에 신경 쓰면 그 후엔 저절로 자리 잡히는 경우들이 많고, 그것이 결국 그릿으로 이어지게 된다.

나 역시 아이의 독서 습관을 위해서 아침마다 30분씩 책 읽기 루틴을 시켰는데 눈뜨자마자 3주 정도 책 읽는 습관을 들였더니 그 이후엔 저절로 그 시간만 되면 책을 읽는 아들을 볼 수 있었다.

성공한 대부분의 사람들은 자신의 재능을 일찌감치 발견했다. 즉, 자신의 좋아하는 일을 통해서 그릿을 실천했다. 빌 게이츠는 처음 컴퓨터를 접하자마자 흥미를 느꼈고, 엄청나게 몰입하기 시작해서 13세 때 프로그래밍을 시작했다고 한다. 그는 그릿 덕분에 오늘날의 놀라운 업적들을 이루어낼 수 있었다.

나는 뜨거운 사막에서 낙타가 살아가는 방법을 통해 인생을 배울 수 있었다. 태양을 피하는 방법은 태양과 정면으로 마주보는 것이다. 비록 얼굴은 뜨겁지만 그로 인해 몸에 그늘을 만들어주고 시원해지기 때문이다. 또

한, 추위와 더위가 반복되는 환경에서 적응하기 위해 더위에 함부로 달리지 않았고 여분의 지방을 혹에 저장했다. 낙타가 시속 60km까지도 달릴 수 있다는 사실을 알고 있는가? 단지 생존을 위해서, 버텨내기 위해서 본인을 그 환경에 맞춰가는 것뿐이었다.

이제 막 시작하는 십 대. 아직 무한 가능성이 있는 나이다. 정면 돌파해서 깨져도 보고, 그렇게 실패해도 괜찮은 나이란 말이다. 신중함과 비겁함은 엄연히 다른 말이다. 혹시 신중함을 핑계로 비겁하게 도망치고 있는 건 아닌지 돌이켜 보아야 한다. 십 대의 선택은 늘 옳다. 성공하면 성공하는 대로, 실패하면 실패하는 대로 얻어가는 것들이 반드시 있게 마련이다.

나사에서는 직원들이 실패의 경험을 했을 때, 그 자리에서 물러나기를 권고하지 않고, 그 실패한 이유를 분석하고 그것을 해결하는 것으로 미션을 대신한다고 한다. 즉, 실패로 인해 전화위복을 만들어낸 사람들의 가치를 더 높이 산다. 왜냐하면 실패해 본 사람만이 그 일을 더 잘 알 수 있다고 판단하기 때문이다.

실패는 자산이다. 그 시절에는 꽃길만 걸을 거라는 착각 따위는 내려놓는 것이 애초에 정신건강에 유리하다. 적어도 무언가를 위해 지속적인 성장과 발전을 꿈꾸는 청소년들이라면. 꿈을 꼭 십 대에 이루어야 할 필요는 없는 것이다. 삼십 대에도, 사십 대에도 본인 의지에 따라서 얼마든지 이루어낼 수가 있다. 대신 그러기 위해서는 끝까지 그 꿈을 향한 시선을 떼지 말아야 한다. 하루에 한 걸음씩 다가간다는 심정으로 꾸준히 노력해 보자. 부디, 내 꿈에 마지노선을 정하지 말기를.

아이의 엄마 아빠가 되고, 재테크에 눈을 뜨고, 내 아이의 교육에 관심 두기 시작하면서, 나를 위한 도전이라는 단어는 점점 멀게만 느껴졌다. 그러다 얼마 전에 인스타에서 한 할머니가 칠십이라는 늦은 나이에 무언가에 새로 도전하고 노력하는 모습을 보며 매우 감동을 받은 적이 있다. 인생은 육십부터라면서 멋지게 '아모르파티'를 외치시던.

그때 깨달았다. 어쩌면 내 꿈의 마지노선을 나 스스로가 정해버렸던 것은 아닐까. 누구도 나에게 '너는 더 이상 꿈을 이룰 수 없다.'라고 얘기한 적도 없었다. 그냥 나 자신이 그곳에 그대로 멈춰 있었을 뿐. 그러나 뭐든지 때가 있다는 말처럼, 십 대에는 그 기회의 문들이 삼사십 대보다 더욱 활짝 열려 있는 게 사실이다. 나는 무엇이든지 도전해 볼 수 있는 무궁무진한 가능성이 있는 그 나이를 사랑한다.

그러니 부디 조급하게 생각지 말자. 생각보다 인생은 길고 그 긴 인생이라는 여정을 끝까지 행복하게 잘 살아가기 위해서는 나를 잘 알고 내가 좋아하는 일을 꾸준히 하면서 살아야 그 행복감이 훨씬 크다.

'농구의 신' 마이클 조던은 처음부터 엄청난 재능이 있던 선수는 아니었다고 한다. 하지만 끊임없이 깨지고, 노력해서 결국 그 자리까지 올라간

인물이다. 그는 실패를 절대 두려워하지 않았으며, 될 때까지 끊임없이 도전했기에 오늘날의 빛나는 명성을 유지할 수 있었던 것이다.

이처럼 성공하는 사람들에게는 저마다의 특징이 있는데 공통점은 대부분이 도전에 대한 두려움이 없었다는 것이다. 실패를 두려워하지 않는 무한 긍정성. 우리가 본받아야 할 정신임은 분명하다.

꿈이 있다면, 그 꿈을 이루어낸 그들의 모습을 한 번쯤은 주도면밀하게 관찰할 필요가 있다. 피아니스트로 성공하고 싶다면 세계적인 피아니스트들의 모습을, 과학자로 성공하고 싶다면 유명한 과학자들의 일대기를 낱낱이 분석해 보자. 그 안에 길이 있을 것이다.

오랫동안 꿈을 그리는 사람은 마침내 그 꿈을 닮아간다는 말이 있다. 오늘도 아이들의 찬란한 꿈을 응원한다.

자신감, 자존감의 중요성

——◆◆◆——

얼마 전, 우연히 〈큐브의 천재들〉이라는 다큐멘터리를 보고 매우 감동을 한 적이 있다. 여기에는 어린 시절부터 자폐증을 앓고 있는 큐브 천재가 등장하는데 비록 인지 능력은 또래들보다 열 살 아래이나 큐브에서만큼은 세계 천재적인 재능을 보이고 있었다. 주인공이 그렇게 된 데에는 부모님의 무한 믿음이 가장 중요한 동기가 되었다.

어린 시절에 아들의 자폐증 증상을 깨닫고 매우 상실감이 컸지만 거기에서 끝나지 않고 끊임없이 아이와 소통해 주려고 노력하고 아이가 좋아하는 것을 찾아주기 위해서 애쓰는 엄마의 모습은 정말 눈물겨운 감동이었다. 이 밖에도 아이 자존감에 부모가 얼마나 많은 역할을 기인하는지는 전 세계적으로 수많은 사례들이 존재한다.

그렇다면 과연 이 자존감은 아이 인생에 얼마나 많은 영향을 끼치게 되는 걸까. 필자는 우연히 하버드 학생들에 관한 책을 읽고 엄청난 깨달음을 얻은 바 있다. 학생들 대부분이 어린 시절부터 그 자존감이 상당히 높았고 거기에는 그 자존감의 환경을 만들어주기 위해서 노력한 부모님들의 역할이 꽤나 컸음을 알 수 있었다. 그들의 공통점은 아이가 스스로를 루저라고 느낄만한 환경이나 집단에 함부로 내 아이를 노출 시키지 않았다는 점이다. 어린 시절부터 일부러 그런 환경에서 본인의 자존감을 깎아 먹으며 공부할 필요가 없다는 것이 그들의 공통된 의견이었다.

반면 우리나라 일부 극성 엄마들은 어린 시절부터 아이들을 경쟁사회로 내몰며 일찌감치 좌절의 슬픔을 겪게끔 하는 일들이 비일비재하지 않은가. 빨리 혹독한 세상을 경험해서 내면이 단단해져야 한다면서 시련을 연습시키는 그녀들.

그렇게 해서 그들이 얻는 건 무엇일까. 과연 멘탈이 단단해질 수 있는 것일까. 오히려 그 반대라고 생각한다. 아이의 어린 시절에는 자존감과 성취감이 전부이다. 그런 동기부여 없이 무언가를 해내기는 실로 쉽지가 않다. 그렇게 자존감이 충분히 쌓인 상태여야만 정신력도 강해질 수가 있는 것이다. '내가 비록 여기서 한번 무너졌지만 이전에 잘했던 성공 경험들 또한 많이 있었으니 잘 극복할 수 있을 거야.'라는 단단한 마음이 그제야 생기는 것이다.

우리의 목적은 결국, 입시를 성공적으로 치르는 것이 아닌가. 그 전에 굳이 애써가며 아이 기를 죽이면서 공부가 재미없게 만들 필요는 하나도 없다고 생각한다. 입시뿐만 아니라 성인이 되어 사회에 나가서도 어린 시절에 쌓아두었던 자존감은 상당히 중요한 역할을 한다.

자존감이 강한 사람은 연애할 때도 나 자신이 충분히 사랑받을 만한 가치가 있고 존재의 소중함을 알기 때문에 상대에게 애정을 갈구하거나 집착하지 않는다. 그렇게 안정적인 연애가 가능한 상태의 정서이기 때문에 오랜 시간 행복하게 타인과 교제가 가능한 것이다.

하지만 자존감이 약한 사람은 누군가에게 쉽게 다가가지도 못하고 존재 자체를 아래로 여기기 때문에 상대의 친절이 마냥 부담스럽거나, 반대로 자신을 버리고 떠날까 봐 극도로 집착하곤 한다. 친한 친구가 생기면 집착이 심해서 상대방을 피곤하게 만들기도 하고, 내면이 늘 단단하지 못하니 쉽게 매사에 흔들리고 소신이 약하다. 남의 결정에 쉬이 자신을 내맡기거나, 친구 따라 강남 가는 삶을 살게 된다.

어린 시절에는 자존감과 기세로 공부하는 것 같다. '나니까 이 정도는 해낼 수 있을 거야. 이까짓 거 내가 못 풀겠어? 나니까 풀 수 있는 거지.' 이런 기세들이 쌓여서 성적을 만든다고 해도 과언이 아니다. 고로, 안정 애착 형성과 더불어, 내 아이의 자존감이 약해지지 않도록 항상 신경 써야 할 것이다.

'칭찬은 고래도 춤추게 한다.'는 말이 있듯이, '넌 할 수 있다.'라고 항상 세뇌해 주고 '오늘도 잘했으니 내일은 더 잘할 수 있을 거야. 엄마는 너를 끝까지 믿어. 네가 최고야.'라는 긍정적인 멘트를 끊임없이 발사해 주는 그런 엄마가 되도록 노력해야 한다.

이러한 자존감이 쌓이면 결국 자신감까지 연결되기 마련이다. 아이들은 작은 성공들이 쌓여서 자신감을 얻는데, 이는 곧, 자기 확신을 갖는다는 것과 같은 의미라고 볼 수 있다.

즉, '세상 앞에 두려움이 적다.'라는 뜻이기도 한데, 이 역시 살아가는 데 아주 중요한 역할을 한다. 자신감 있는 사람은 모든 판단에 있어서 자신을 신뢰하기에 결단력이 있기 때문이다.

살아가다 보면 우리 인생은 매 순간이 선택의 연속이다. 그 선택 속에서 자기 확신이 없는 사람들은 매번 소신 없이 흔들리게 마련이다. 직장을 결정할 때도, 배우자를 선택할 때도 자신감 없는 사람들은 늘 타인의 선택에 좌지우지되고 의사 결정 안에 본인을 빠뜨리는 경우들이 많다.

반면 자신감 있는 사람들은 모든 선택과 책임을 본인에게 두기 때문에 타인에게 휘둘리지 않는다. 이 세상에서 나보다 나를 더 잘 아는 사람은 없다. 왜 내 인생의 주도권을 타인에게 넘기려고 드는가. 작은 일들을 통해서 성취감을 맛보고, 그렇게 나도 할 수 있다는 긍정적인 자신감이 쌓인 아이들이 학습에 있어서도 그 효과가 뛰어나다.

우리 아이만의 특기를 찾아보자. 남들보다 잘하는 것이 하나라도 있다면 그 점을 부각해서 작은 성공 경험을 쌓자. 이는 추후에 다른 공부를 할 때도 많은 도움이 된다.

K는 우연히 발명 대회에 나갔다가 교내 발명상을 받고 과학자가 되어야겠다는 꿈을 꾸기 시작했다. 그때까지는 공부를 열심히 하는 친구가 아니었지만 과학고를 가야겠다는 꿈이 생겼고 그 후로 수학과 과학을 공부하는 계기가 되었다고 한다. 이처럼 많은 아이들이 뜻하지 않은 곳에서의 자존감 향상으로 인해 자신의 목표를 성취하는 계기가 되기도 한다.

또한 무언가 목표가 생긴다면 그 분야의 롤모델을 정하고 따라 해보는 것도 아주 좋은 방법이 될 것이다. 원래 모방은 창조의 어머니라는 말이 있듯이 창의성 또한 누군가를 따라함으로써 그 첫 관문을 열게 되는 것이다.

그렇게 성공하는 사람들이 어떤 자존감, 자신감을 가지고 자기 일을 성장시키고 결국 최고의 경지까지 이르렀는지, 우리 아이에게도 벤치마킹하는 기회를 가져보도록 하자.

자기주도학습이 전교 1등을 만든다

—◆◆◆—

내가 처음 대치동에 입성하려고 이사 준비를 하고 있었을 때, 아는 선배가 했던 말들이 여전히 귓가에 맴돈다.

"너 대치동 들어올 거면 마케팅을 조심해야 한다. 그렇지 않으면 오히려 애를 망치게 될 수도 있어! 명심해!"

"내가 바보야? 나 엄청 합리적인 사람이야. 절대 안 흔들리고 소신껏 잘해낼 자신 있어!"

그렇게 큰소리 탕탕 치고 입성했지만 이사 온 첫날부터 내 멘탈은 흔들리기 시작했다. "이 동네 공부 잘하는 애들은 다 저 유치원에 다닌대. 저 수학 학원의 탑반이래."

이런 소리를 듣고도 그 학원이 탐나지 않을 소신 있는 엄마는 과연 몇이나 될까.

나를 비롯한 대부분의 첫째 엄마들은 수도 없이 흔들리고 방황했던 것 같다. 물론, 사교육을 통해서 많은 도움을 받고 있는 게 사실이지만, 요즘 들어서 혼자 공부량이 부족한 아이들을 보면서, 계속 이렇게 사교육에 맹목적으로 의존했기 때문에 아이들의 자기주도학습능력이 점점 더 약화되는 것은 아닐지 걱정이 된다. 꼭 숙제가 있어야만 공부를 하고 엄마의 감시 아래 적당히 눈치껏 공부하는 아이들이 점점 늘어나고 있는 것이 현실이다.

많은 학생이 열심히 학원에 다니고 공부를 하고 있음에도 불구하고 성적이 오르지 않는 까닭은 무엇일까. 얼마 전 한국 자기주도학습 연구원들이 조사한 자료에 의하면 전교 1등들의 공통점은 자기주도학습 지수가 뛰어나다는 것이었다. 그들은 뛰어난 지능이 아니어도 자신들만의 공부 방법을 가지고 있었다. 학생들은 저마다 자신에게 맞는 학습 방법을 일찌감치 터득해서 전략적인 자기주도학습을 진행하고 있었다. 그들 중에는 남들에 비해서 엄청나게 지능이 좋거나, 특별한 유전자를 가지고 있지 않은 학생들도 많았다. 또한, 공부 잔소리를 많이 들은 학생들일수록 교내 성적이 좋지 않다고 한다. 즉, 공부를 잘한 학생일수록 부모님들의 잔소리가 적었다는 것이었다.

몇 년 전, 경상도에서 수능 만점이 나온 사례가 있었다. 그 학생은 일찌 감치 아버님이 돌아가셨기 때문에 열악한 환경 속에서 스스로 공부해서 입시를 성공적으로 치러낸 케이스였다. 이 학생 말고도, 혼자 산골 마을에서 공부해서 스스로 서울대에 입학한 여학생이 있다. 기숙사학교에 들어가서 사교육의 도움을 받지 않고 스스로 명문대에 입학한 사례들을 보더라도 자기주도학습은 절대 무시할 수 없는 과정이다.

하지만, 이제까지 타인 주도하에 공부를 해왔던 아이들도 얼마든지 변할 수 있다고 한다. 결국, 내면의 동기부여를 불러일으켜서 아이들이 스스로 해낼 수 있도록 도와줘야 하는 것이 우리 어른들의 역할이 아닐까. 공부 습관은 학원에서 가르쳐 주지 않는다. 그렇다면 어떻게 해야 아이들의 자기주도학습을 잘 유도해 나갈 수 있을까?

가장 먼저, 작은 일부터 하나씩 스스로 할 기회를 주고 성취감을 맛보게 하는 것이 가장 중요하다. 그렇게 자존감을 맛본 아이들은 나도 무언가를 해낼 수 있는 사람이라는 자신감을 얻게 될 것이고 꿈과 목표를 갖게 된다.

어릴 때부터 학원에만 의존하던 아이들은 사교육 중독이 되어버리고 어쩌다가 그 과목의 학원을 중단하게 되면 엄마는 마치 금단현상과 같은 초조함이 몰려오기 마련이다. 그렇게 수많은 학원 설명회들은 그 학원을 다니지 않으면 마치 루저가 되는 것처럼 공포심을 불러일으키곤 한다. 하지만 하루에 적어도 3시간씩은 혼자 공부할 수 있는 능력이 생겨야 입시를 성공적으로 치를 수가 있다.

아이들이 학원중독에서 벗어나지 못하는 이유는 혼자 계획해서 공부를 해본 적이 없고, 스스로 해낸다는 것에 대한 막연한 불안감 때문이다. 누차 강조하지만 사교육은 현재 내 아이 학습의 부족한 점을 채울 수 있는 정도면 충분하다. 어차피 중고등학교에 가면 스스로 내신 공부를 해내야 하는데 학교 시험은 수업 시간에 배운 교과서의 내용들을 바탕으로 출제된다. 결국, 선생님의 강의를 충실하게 듣고 꼼꼼하게 스스로 공부할 줄 아는 아이들이 1등급을 가져갈 수 있다. 그렇기 때문에 아이가 한 살이라도 어렸을 때 미리 시행착오를 해보는 편이 좋다.

학원에 다니더라도 각 과목의 숙제만큼은 스스로 해결해 나가는 연습을 시켜야 한다. 자기주도학습은 멀리 있지 않기 때문이다. 그날그날의 숙제만이라도 스스로 심도 있게 하는 습관을 들인다면 중학교에 올라가서도 모든 과목에 책임감을 가지고 수행하는 아이가 될 것 이다.

이와 같은 자기주도학습을 불러일으키기 위한 또 하나의 방법은 바로 칭찬이다. '칭찬은 고래도 춤추게 한다.'는 말이 있듯이 이는 아이들의 학습 동기에 엄청난 효과를 불러일으키곤 한다.

초등학교 3학년 때까지 나는 책을 썩 좋아하는 사람이 아니었다. 그러던 어느 날, 내가 우연히 동화책을 집어 들고 큰마음 먹고 읽고 있었는데 저 멀리 식탁에서 엄마가 아빠에게 "우리 딸 책 읽는 것 좀 봐. 너무 기특하다."라고 칭찬하는 소리를 듣게 되면서 부터 엄마 아빠 앞에서 매일 책 읽었다.

지금 생각해 보면 그 당시에 나는 단지 책을 읽는 척을 했던 거지 진심으로 책을 좋아하지는 않았다. 그런데 부모님의 칭찬을 듣기 위해서 습관적으로 했던 행동들이 결국 책을 좋아하는 학생으로 만들었고, 오늘날 글쓰기 좋아하는 딸로 성장시켜 놓는 계기가 되었던 것 같다.

그리고 중학교 1학년 때 우리 학교 국어 선생님이 나를 정말 예뻐해 주셔서 그 시간만 되면 귀가 쫑긋, 눈이 초롱초롱해지면서 노트 필기 하나 허투루 해본 적이 없었다. 덕분에 내 국어 성적만큼은 항상 전교 1등이었다. 이처럼 아이들 곁에서 항상 머무르는 사람은 부모님과 선생님이기 때문에 그만큼 어른들의 칭찬 한마디와 애정 어린 관심은 아이들 인생에 결정적인 계기가 되기도 한다.

장단기 목표를 정하라. 이 역시 자기주도학습을 성공적인 결과로 이끄는 필수조건이다. 나는 은근히 자유로운 영혼인지라 엄청나게 계획적인 사람이 못되기 때문에 매일매일 세부적인 계획을 세우고 실천하지는 못했지만, 아이가 어릴 때부터 장기목표와 단기목표를 세우고 그것만큼은 지키려고 노력했다.

예를 들면, 두 달 안에 문제집 한 권 끝내기, 두 달 안에 아이 엉덩이 습관 만들어주기, 한 달 안에 영어 단어책 한 권 다 끝내기, 내년까지 A 학원 탑반 들여보내기, 등등을 굵직하게 목표를 정해놓고 실천해 나가기 시작했다. 아이가 초등 고학년이 될 때쯤에는 제법 이뤄 놓은 것들이 많았다. 이처럼 장기목표와 단기 목표를 세워놓는 것은 상당히 중요한 일인 것 같다. 나도 모르는 사이에 조금씩 앞으로 나아가게 하는 계기가 되기 때문이다.

그리고 그렇게 장기목표를 세우고 하루에 몇 장씩 풀어내겠다는 구체적인 루틴을 정해준다면 아이도 엄마의 플랜에 따라오려고 적잖은 시늉이라도 해주기 때문이다. 엄마의 간절함이 아이에게 전달되기 때문일까. 목표가 없을 때보다는 훨씬 더 그 성취도가 컸던 것 같다. 결국 아이가 어릴 때 큰 그림을 그려주는 것은 부모의 역할이며 장기 목표의 궁극적 목적은 아이의 꿈을 찾아주는 데에 있다.

아직 어려서 자아를 찾기 이전이기 때문에 조금은 조심스러운 과정이기도 하지만 나 같은 경우는 초등학교 5학년 때부터 '작가'라는 꿈을 갖게 되면서 현재까지 이어온 케이스이다. 따라서 초등 고학년부터는 본인이 무엇을 좋아하고 어떤 사람이 되고 싶은지 막연하게나마 밑그림을 그리기 시작해도 좋다는 게 개인적인 의견이다.

아이를 유심히 관찰하다 보면 어린 시절부터 유독 잘하는 것과 좋아하는 것들은 눈에 보이기 시작한다. 엄마의 바람이 아니라 아이가 잘하는 것들이 무엇인지 예리한 눈으로 관찰해 주는 것이 부모의 가장 중요한 역할이 아닌가 생각된다. 어린 시절 내가 글쓰기를 좋아하고 글쓰기 상을 받아올 때마다 '너는 꼭 작가가 되겠구나.'를 입에 달고 다니셨던 우리 부모님처럼 나 역시 내 아들이 무엇을 좋아하고 잘하는지 유심히 들여다보기 위해서 노력 중이다.

좋아하는 꿈을 찾아야 동기부여가 가능하고, 스스로 공부를 하게 만드는 원동력이 되기 때문이다. 아이들의 목표가 흔들리는 이유는 간절하게 열망하지 않기 때문이다. 그렇게 꿈과 목표를 찾아주는 것이 결국 자기주도학습을 끌어올릴 수 있는 가장 빠른 지름길이 될 것이라고 믿는다. 그렇다면 결국 우리의 역할은 아이가 열망할 수 있게, 눈빛이 불타오를 수 있게, 그들의 꿈을 응원해 주는 일이 아닐까.

입학 사정관들이 주로 살펴보는 것들이 학생의 자기주도학습능력과 잠재력 등인 이유도 거기에 있을 것이다. 우리는 아이들이 스스로 진로를 탐색하고, 창의적으로 문제를 해결하는 인재로 길러야 한다. 그래야 세계를 이끌어가는 리더로 우뚝 자리매김할 수 있게 된다. 그런 아이들은 대학을 가서도 스스로 열심히 공부할 수밖에 없으며 학생들은 그제야 비로소 진로에 맞는 공부를 본격적으로 할 수 있게 된다.

대학의 공부야말로 자기주도학습이 기본이다. 고등 시절까지는 주어진 범위 내에서만 잘 해내면 됐지만, 대학에서의 공부는 스스로가 주인이 되어 적극적으로 찾아서 해내야 하기 때문이다. 이처럼 공부는 항상 그 기본에 충실해야 한다. 학습에는 대단한 스킬이 필요한 것이 아니기 때문이다.

축구계의 전설 히딩크 감독은 유명한 선수들이 아닌 신인 선수들을 뽑아서 지속적인 훈련을 통해 그들의 체력을 끌어올리는 데에만 신경을 썼다. 그가 그렇게 우리에게 보여준 메시지는 항상 기본에 충실하라는 것이었다. 공부할 때도 이와 마찬가지라고 생각한다. 스스로 목표를 정하고 일정한 시간을 꾸준히 공부하는 습관이 될 때, 그 위에 무언가를 쌓아 올릴 수 있을 것이다.

초등 6년이 괜히 있는 것이 아니었다. 이 시기야말로 앞으로의 중고등 학습을 위한 기본 학습 태도를 만드는 준비 과정이었다.

동기부여의 중요성

—◆◆◆—

 아이들이 공부를 열심히 할 수 있도록 하기 위해 가장 중요한 요소 중 하나는 지속적인 동기부여라고 생각한다. 무슨 일이든지 간절해야 끝까지 해낼 수 있기 때문이다. 영재교육의 거장 '칼 비테' 역시 그의 저서에서 자녀 교육에 있어서 가장 중요한 것은 그 목적과 동기라고 강조한다. 그리고 요즘 아이들이 공부를 싫어하는 이유는 딱히 재미를 느끼지 못하기 때문이라고 했다. 즉, 강요당하기 때문에 스트레스에 시달리고 결국 공부 흥미를 잃는다는 것이다.

 '페니실린'을 발견한 알렉산더 플레밍은 다른 과학자들이 미처 발견하지 못했던 푸른곰팡이를 유심히 관찰하고 끈질기게 추적했다. 다른 과학자들도 계속 애썼지만 결국 찾아내지 못했으나 그는 해냈다. 그 미세한 차이점은 바로 간절함이었다. 그의 사촌 형은 원인 모를 질병에 걸려서 평생을 고생하며 살았는데 그가 항생물질을 찾기 위해 간절하게 매달렸고 결국 그것이 동기부여가 되어 그의 업적을 달성할 수 있었던 것이다. 이처럼 공부하기 전에 강력한 동기부여가 있다면 몰입에 엄청난 시너지를 가져다줄 것이다.

일타 강사들의 강의를 유심히 들여다보면, 공통점들이 하나가 있는데 바로 아이들에게 끊임없이 동기부여를 해준다는 것이다. 수업이 나태해질 때쯤 한마디씩 공부를 왜 해야 하는지, 어떤 마음가짐으로 임해야 하는지, 본인들이 어떻게 공부를 했는지 등등 세세한 에피소드들을 들려주면서 아이들을 끊임없이 자극시키니 감히 해이해질 수 없을 것 같다.

우리가 성공한 사람들의 일화를 아이들에게 자꾸 보여주고, 위인들의 삶의 태도에 집착하는 이유이기도 하다. 그래서 이 시기에는 위인전이 많은 도움이 되기도 한다. 초등 시절에 꾸준히 위인을 통해서 동기부여를 하게 되면 알게 모르게 그들의 마인드가 조금씩 세뇌되는 것을 느낀다.

동기부여를 위한 또 하나의 요소는 작은 성공 경험들의 누적이다. 매일 정한 목표들을 성취한 경험들을 통해서 작은 성공의 경험들이 쌓이게 된다. 목표가 꼭 거창할 필요는 없다. 어차피 근성을 키워줘야 하는 시기이기 때문에 적은 양의 루틴을 정하고 성취 경험을 갖는 것은 아이들의 자신감 형성에 상당히 중요하다. 물론, 여기에 결과에 대한 칭찬은 기본이다.

또한, 주변에 입시에 성공한 형과 누나들의 사례들을 많이 접하게 해주는 것도 좋을 것 같다. 꿈이 멀리 있지 않다는 것. 평범한 사람들도 노력하면 얼마든지 성공할 수 있다는 것을 직접적으로 느끼게 하는 계기가 될 수 있기 때문이다.

실제로 많은 엄마들이 아이들에게 멘토 형, 누나를 찾아주기 위해 노력한다. 과외 선생님을 구할 때도 일부러 아이의 진로와 관련된 분야의 선생님들을 섭외하기도 한다. 이 시기에는 나보다 나은 어른을 보면서 많은 동기부여가 되기 때문이다.

억지로 하면 절대 입시에 성공할 수 없다. 스스로가 즐거움을 느끼고 원동력을 가지고 헤쳐 나가야 한다. 진심으로 몰입하고 즐겁게 느낄 수 있어야 오래 달릴 수 있다. 뇌는 좋아하는 것을 자주 할수록 더 그 기능이 발전한다고 한다. 고로, 좋아하는 일을 직업으로 삼아야 좋은 이유이기도 하다.

이처럼, 항상 더 나은 목표를 정하고 그 목표를 이루기 위해 끊임없이 정진하기 위해서는 동기부여와 꿈이 필요하다.

물론, 아직 어린아이들이기 때문에 어린 나이에 벌써부터 진로를 정한다는 것은 섣부른 판단일 수도 있다. 앞서 강조했듯, 일단은 단기 목표라도 끊임없이 정해보는 것을 추천한다. 티끌 모아 태산이라고 단기 목표들이 꾸준히 쌓이다 보면 언젠간 장기 목표에 가까워지게 될 것이고, 결국 목적지를 향해 한 걸음 더 내딛는 결과를 안겨주기 때문이다.

가끔은 아이들의 보상 심리를 이용하는 것도 좋다. 심리적, 물질적 보상을 이용해서 지속적인 단거리 달리기에 이용하면 어느새 목표에 도달해 있는 내 아이를 발견할 수가 있다.

한 달, 육 개월, 일 년의 작은 목표를 정해서 아이의 동기부여에 날개를 달아주도록 하자. 그렇게 자신의 꿈과 닮아가는 아이들이 될 수 있기를. 모든 것은 나를 믿는 힘에서 나온다.

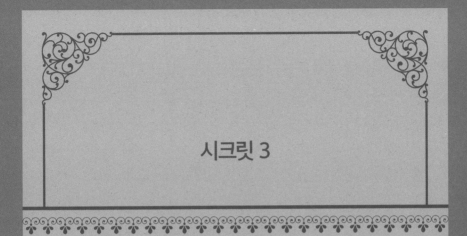

시크릿 3

외국의 시크릿 교육법을
벤치마킹하다

우리나라의 영재교육

◆◆◆

필자는 결혼 전에 사설 영재교육원에서 꼬꼬마 아이들을 대상으로 창의 사고력 교육 강사로 약 2년간 근무한 바 있다. 그곳에서 영유아부터 유치원생 아이들을 대상으로 수업하면서 느꼈던 점은 우리나라 엄마들의 교육열이 정말 엄청나다는 것이었다. 그렇다면 과연 영재란 타고나는 것일까 만들어지는 것일까.

나는 후자에 조금 더 가치를 두고 싶다. 만약 그렇지 않다면 뇌 발달에 근거한 그 모든 후천적 교육들이 딱히 근거가 없어지기 때문이다. 분명히 인간의 뇌는 태어나면서부터 무수한 자극과 발달로 인해 나날이 발전할 수 있다. 그렇기 때문에 어릴 때부터 방치해두면 좋은 머리로 태어났음에도 불구하고 그 기량을 펼치지 못하게 될 수도 있다.

내 아이의 지능이 일찌감치 궁금하다면 기관에서 지능검사를 받아보는 것도 나쁘지 않을 것 같다. 나 역시 아이가 유난히 언어 발달이 빨랐기 때문에 혹시나 하는 마음에 찾아가서 지능 검사를 받은 적이 있다. 그 검사 결과가 지금도 맞아떨어지는 것을 본다면 충분히 참고할 만한 가치가 있는 검사라고 생각된다. 어린 시절에는 웩슬러 검사를 많이 받는데 그 신빙성은 이미 널리 인정받은 바 있다.

하지만, 어렸을 때 높은 지능을 보이지 않아도 서울대에 합격하는 수많은 사례를 미루어보았을 때, 역시 노력 없이 끝까지 이루어낼 수 있는 것들은 많지 않다는 것이 현실이다.

우리나라에서 영재는 대입이 끝나고 결정된다고 해도 과언이 아니다. 그만큼 모든 포커스가 입시 결과에 맞추어져 있기 때문에 아무리 타고난 천재라 할지라도 대입의 최종 관문을 잘 통과하지 못하면 우리나라에서는 인정받기 쉽지 않다.

아직도 기억나는 조금 특이했던 점들은 영재성 평가 라인에 다소 산만한 경향이 있느냐는 질문이었다. 그만큼 영재들 중에서는 ADHD의 성향을 보이는 아이들이 많다는 점이었고, 실제로 수업 현장에서도 과잉행동장애나 과잉 호기심, 과흥분성을 보이는 아이들이 많았다. 때문에 이런 영재를 키우는 어머님들은 나름대로의 또 다른 고충들을 안고 있기도 했다.

H는 어릴 때부터 지능이 아주 높고, 몰입력이 좋은 영재성을 가지고 있는 친구였으나, 무언가에 집중하게 되면 광적으로 흥분하는 경향이 있어

서 부모님이 매우 힘들어하셨다.

또한, A는 아이큐는 매우 높았지만 수업 시간에 다소 산만한 경향을 보여서 자리에서 잘 집중을 하지 못하고 돌아다니기 일쑤였다. 즉, 본인이 관심 있는 영역에만 홀릭 되는 성향이 있어서 그 밖의 다른 생활들은 엉망이었던 것이다.

이런 영재들은 우리나라 공교육에서 추구하는 인재의 성향과는 다소 거리가 멀기 때문에, 적잖은 애로사항을 겪고 있다.

얼마 전 백강현 군의 과고 자퇴 사례만 보더라도 아직 우리나라에서는 영재들을 양성하기에 좋은 공교육 환경은 아니라고 생각된다. 강현 군의 자퇴를 둘러싸고 여론이 분분했지만, 나 역시 영재교육의 전반을 점검해봐야 한다는 의견에 찬성하는 바다. 우리나라에는 고도영재를 교육하는 곳이 거의 없고, 솔직히 그들을 위한 교육 방법에는 여전히 이렇다 할 대안이 없기 때문이다.

외국에서는 고도영재들이 월반을 통해서 열 살 안팎에 대학을 입학하고 성과를 낸 사례들도 있기 때문에 우리나라에서도 어린 영재들이 성장할 수 있도록 조금 더 세분화된 교육을 해야 함이 마땅하다고 생각한다.

미국의 영재교육

◆◆◆

미국으로 유학하러 가기 위해서 국제학교에 입학하는 아이들이 나날이 늘어나고 있다. 그렇다면 미국의 교육은 우리나라와 어떤 차이점이 있을까?

미국의 학교는 과목 수부터 차이가 크다. 우리나라가 여러 가지 모든 과목을 배운다면, 미국은 딱 영어, 수학, 과학, 역사, 체육까지만 의무 과목이며 나머지 과목들은 선택과목이다. 관심 없으면 하지 않아도 괜찮다는 주의라서 모든 과목을 다 잘할 필요는 없다.

또한, 반 편성 배치 고사로 처음부터 실력에 따라서 수업을 나누어 진행한다. 우리나라가 수행평가와 지필평가 위주라면, 미국은 모든 부분들이 수행평가로 되어있고 대부분 일대일 평가라 성실하지 않으면 실패하기 쉽다. 간혹 낙제 점수가 있으면 다음 학년으로 못 올라간다.

이곳은 무조건 체육을 중요하게 생각한다. 국제학교 아이들이 운동에 그토록 열광하는 이유이기도 하다.

미국 아이들도 학원을 다니기는 하는데 주로 예체능을 위주로 다닌다.

우리나라가 국영수과 위주의 학원인 반면, 미국은 음미체를 많이 다니는 것이다. 만 세 살이 되면 프리스쿨을 보낼 수 있고, 다섯 살이 되면 킨더가든에 갈 수 있다. 따로 내는 돈은 없고, 최근에 킨더가든 전에 다닐 수 있는 또 하나의 코스가 생기기도 했다.

한국에서는 교육열이 높아서 대부분이 한글을 떼고 학교에 입학하는데 미국은 알파벳을 떼지 않고 들어오는 아이들도 많기 때문에 반마다 보조 선생님이 꼭 계신다고 한다.

학교 아이들의 과반수가 방과 후 운동을 하러 가는데, 이는 이 나라가 운동을 얼마나 중요시하는지 알 수 있는 점이기도 하다. 워낙 어린 시절부터 운동을 엄청 많이 시키는 덕분에 대부분의 아이가 운동 실력이 뛰어나다.

그렇다면 미국의 영재교육은 어떻게 진행되고 있을까?

한 채널에서 미국의 영재학교, 얼바인 교육구의 게이트 프로그램에 대해서 취재한 바 있다. 이 프로그램에 들어가려면 3~5학년을 대상으로 매년 다양한 심사를 거친다고 한다. 다양한 테스트를 1년 동안 진행하게 되고 상위 성적을 받은 아이들이 입학할 수 있다.

미국에서는 학교에서 교사의 관찰 추천을 통해 학생의 영재성을 판단하곤 하는데 평소의 어휘 수준이나 논리적인 추론 능력 등이 그 평가 기준이라고 한다.

몇 년 전, EBS에 아주 놀라운 남매가 등장했다. 앞에서도 잠시 설명한 세계의 이목을 주목시켰던 쇼 야노, 사유리 남매.

그중에 특히 쇼 야노는 세계적으로 유명한 신동으로 독서를 통해서 과학계의 이론이나 동향을 파악하는 것을 좋아하고, 음악에서부터 그 천재성이 드러났다고 한다. 세 살쯤부터 피아노를 연주하기 시작한 그는 4살 후반기쯤엔 작곡까지 하기 시작했다. 다섯 살부터 시를 쓰는 등 어릴 때부터 여러 분야에서 재능을 보이도록 이렇게 키워낸 비결은 과연 무엇이었을까?

거기에는 엄마의 관찰력과 통찰력이 있었다. 엄마는 어릴 때부터 쇼 야노가 평범하지 않다는 것을 일찌감치 깨달았고 보통 엄마들 같았으면 그냥 지나쳤을 법한 영재성을 아주 섬세하게 관찰해서 끌어주는 것에 공을 들였다. 만 4살에 일반초등학교에 입학하고 그 후에 영재학교로 이동했지만 거기서도 더 이상 배울 것이 없었다고 한다.

결국, 홈스쿨링을 선택했던 그녀의 결단력을 존경한다. 일일이 교재를 선택해서 커리를 짜고 아이들과 함께 공부를 했던 그녀. 쇼 야노는 엄마와 공부하는 것이 너무 즐거웠다고 대답했다. 왕성한 지적 호기심을 가졌던 쇼 야노. 이런 친구들을 평범한 공교육에 가둬두었다면 어땠을까? 진정 '코이의 법칙'을 떠올리게 하는 사례들이었다. 일 년 반이 안 돼서 고등 과정을 다 마쳤다는 그는 8살에 대학을 입학하는 영광을 누렸다.

그렇게 지능이 유난히 높았던 쇼 야노는 어릴 때부터 영재교육의 커리를 밟고 지금은 의학 연구 분야에서 두각을 나타내고 있다고 한다. 역시 맹모는 아무나 하는 것이 아니라는 것을 또 한 번 깨달았다. 그리고 주어진 환경과 가치관이 아이들에게 얼마나 지대한 영향을 끼치는지도 다시 한번 느낄 수 있었다. 이를 보면 우리나라의 영재들이 참으로 안타깝기도 하다.

미국 최고의 과학고등학교 스타이베이선트는 미국과학경진대회에서 항상 많은 학생들을 입상시키고 있다. 뉴욕의 브롱스 과학고등학교에서도 노벨상을 받은 과학자들을 다섯 명이나 배출했다.

미래의 과학자들을 양성하는 이곳은 어떤 노하우가 있었을까? KBS 수요기획에서 그들을 취재한 바 있다. 방송을 보는 내내 나 역시 미국의 영재들은 어떤 교육을 받는지 매우 설레는 마음으로 지켜봤다.

이들은 이미 예비 과학자의 마인드로서, 비슷한 관심사를 가진 친구들과 엄청난 시너지를 내며 원대한 꿈을 꿈꿀 수 있다는 점이 가장 큰 장점이었다. 그리고 최고의 선생님들이 아이들 교육에 아주 적극적으로 관여하고 있었는데 교사와 학생들 모두 주제에 대한 정확한 답을 찾기 위한 연구원 마인드로 공부하고 있었다.

이 밖에도, 평범한 학교임에도 불구하고 과학경진대회에서 결승 진출자를 낸 학교도 있었는데, 이곳도 마찬가지로 선생님의 적극적인 역할이 한몫했다. 역시, 총명한 제자들 위에는 끌어주는 열정적인 선생님들이 항상 존재하고 있었다.

미국에는 멘토 제도가 활성화되고 있었는데 고등학생들이 원한다면 그 분야의 전문가의 도움을 통해서 연구팀에 참여시켜 수준 높은 논문을 쓸 수 있도록 도와주고 있다. 그들은 위대한 과학자들이 실험실을 통해서 나온다는 것을 잘 알고 있었다. 이런 제도는 우리나라 과학계에도 도입되면 참 좋겠다는 생각을 했다.

'코이의 법칙' 속 '코이'는 주어진 환경에 따라서 자신의 크기가 변하는데 어항에서 키우면 작게 크고, 바다에서 키우면 그 몸집이 엄청나게 커진다고 한다. 어찌 보면 아이들의 교육환경도 이와 마찬가지가 아닐까.

큰 그릇을 가지고 태어난 아이들을 굳이 공교육이란 틀에 끼워 맞춰서 작게 만들 필요가 있을까. 이는 아직도 우리나라 영재교육이 다소 후진국의 수준임을 인정할 수밖에 없는 사례들이라고 생각된다.

당장 대치동의 현실만 보더라도 전교 1등을 하는 대부분의 아이들이 의대를 선호한다. 안정적인 전문직을 원하는 것이다. 그만큼 나라의 경기가 좋지 않으니 누구도 모험을 하고 싶어 하지 않는다.

훌륭한 과학자도 좋고, 창의적인 직업들도 수없이 많지만, 다들 먹고 살 궁리부터 해야 하니 어쩔 수 없는 현실이기도 하다.

앞으로 우리 아이들이 살아갈 시대에는 없어질 직업만 80%라고 한다. 그렇다면 나머지는 다 새로 생겨나는 직업들이 대체하게 된다는 것인데 우리는 어른의 눈으로만 세상을 바라보기 때문에 우리들 이상의 세상을 아이들에게 들려줄 수 없다는 것이 사실이다.

우리 아이들이 살아갈 시대에는 이러한 영재성을 가진 아이들이 좀 더 많이 그 기량을 키울 수 있도록 시스템을 구축해서 우리나라의 한 획을 그 어주길 소망한다. 그것이야말로 진정한 선진국으로 도약하는 지름길이 아닐까.

아이들의 영재성을 방관하거나 짓밟으려고 하지 말고, 어떻게 하면 더 좋은 환경에서 더 멋진 기량을 펼칠 수 있을까를 고민하는 게 우리 어른들의 역할이라고 생각한다. 내가 못할 거라면 누군가는 나 대신 총대를 매고 전쟁터로 내보내야 하는 게 맞다. 그렇게 잘하는 사람들이라도 그 길을 가는 게 맞다고 생각한다.

그러기 위해서는 영재를 폄하하고, 부정적인 시각으로 바라보는 시각부터 거두어들여야 할 것이다. 우리나라는 예로부터 인재 양성에 힘써왔고 그게 주 무기인 국가이다. 믿을 건 인재들밖에 없다. 그리고 그 인재들이 빛을 발하는 시기는 주로 이삼십 대까지가 주를 이루는데, 부디 그 싹을 밟지 말자.

얼마 전 수학영재 송 군의 사례를 보더라도 참으로 안타까웠다. 나는 그가 다시 실패와 실수를 딛고 멋지게 날아오를 수 있을 것이라고 믿고 있다. 저변에 깔려 있는 그 친구들의 잠재력까지 짓밟지 않았으면 좋겠다.

우리나라는 '학습 영재에 대해 다소 가혹하지 않나?'라는 생각이 든다. 다른 예체능 영재들에 대해서는 관대하면서 고도 영재교육에 대해서는 다소 무심한 편이다. 이들이 만약 외국에서 살았다면 어땠을까. 혹시나 우리가 나라의 발전에 이바지할, 눈앞의 인재들을 못 보고 지나치는 것은 아닌지 한 번쯤은 반성해 볼 일이다.

영재들에게 광활한 무대를 만들어주지는 못할망정 싹을 자르면 안 된다. 어쨌거나 재능을 보이는 그 지점까지는 고도 영재들을 잘 끌어가는 게 맞다는 것이 필자의 생각이다. 왜 우리나라에서 노벨상이 안 나오고 과학자들이 줄어가는지를 되돌아본다면 거기에 그 해답이 있을 것이다.

앞으로 우리나라에서도 미국의 이러한 좋은 교육 제도들을 벤치마킹해서 훌륭한 인재들을 많이 배출해 내야 한다.

암기교육의 중요성

———◆◆◆———

공부량이 많은 아이들은 배운 내용을 금방 잊어버리기 때문에 단기기억에서 장기기억으로 넘기는 작업을 끊임없이 해야 한다.

내가 학원 선생님들과 상담하면서 무수히 듣는 멘트는 단지 하나다.

"아이가 단기암기와 이해력으로 버티는 것 같아요. 복습을 좀 열심히 해서 장기기억으로 넘기면 참 좋을 것 같아요."

반복을 안 좋아하는 아들을 둔 엄마는 이런 소리를 들을 때마다 정말 고구마 백 개 삶아 먹은 기분이다. 그렇다면 도대체 어떻게 하면 영구적인 장기기억으로의 전환이 가능할까.

나는 아이를 키우기 시작하면서 인간의 뇌에 관심을 갖기 시작했다. 아들을 키우면서 아주 선명하게 아이의 뇌가 어떻게 변화하는지 지켜봤기 때문이다. 몰입이 얼마나 중요한지, 아이들의 뇌가 어떻게 변화하는지. 사람의 뇌는 정말 신비했다.

어떤 일을 3주 이상하면 습관이 되기 시작한다는 말이 있듯이, 꾸준히 무언가에 몰입하기 시작하면 뇌 역시 그 일의 중요성을 인지하기 시작한다. 참으로 눈치 빠르고 영리한 뇌다.

보통 뇌의 특정 영역에 기억이 보관된다고 생각하는데 이는 잘 못 알고 있는 상식이다. 연구 결과, 기억은 신체의 모든 감각을 동원하는 것으로 밝혀졌기 때문이다. 예를 들면 그 음식을 먹을 때 내 오감이 어떻게 느꼈었는지, 모든 감각을 동원해서 저장되기 때문에 기억은 매번 뇌의 다른 곳에 저장된다고 한다.

단기기억과 장기기억, 그 중간에 존재하는 해마는 반복해서 볼 때만 장기기억으로 넘기기 시작한다. 그런데 사람이 휴식을 취할 때만 해마가 주로 활동하기 때문에 인간의 뇌는 잘 활용하는 것만큼 잘 쉬게 만드는 것도 아주 중요하다. 이는 학생들이 충분히 숙면을 취해야 하는 이유이기도 하다.

그러한 이유로 인해, 언제부턴가 리뷰가 없는 학원을 잘 보내지 않는다. 내 아이의 장기기억을 위해서는 지속적인 리뷰가 상당히 중요하다는 것을 깨달았기 때문이다. 결론은 복습이다. 매일 꾸준히 스스로 공부하는 습관이 중요한 것이다.

또한, 사람의 뇌는 한계가 있기 때문에 모든 정보를 다 저장할 수 없다. 그래서 기본적인 공식과 개념을 인지시킨 후에 남은 개념들을 채워 넣는 방법이 훨씬 더 효율적이다. 이는 한글을 뗄 때도 마찬가지였고, 수학을 공부할 때도 똑같이 적용됐다.

　그리고 아이들은 배운 내용을 얼마나 잘 이해했는지를 꼭 점검해야 한다. 누군가에게 설명을 해주는 방법이 장기기억으로 넘기기 아주 좋은 방법이기 때문에 나 역시 내 아이에게 끊임없이 배운 개념을 설명해 보게끔 유도했다.

　좋은 공부 방법들을 끊임없이 제공해 주고, 그중에 본인과 맞는 방법을 찾아갈 수 있도록 도와주는 것도 엄마의 역할인 것 같다. 그렇게 입시를 앞둔 학생들에게 지금 시급하게 필요한 것은 배운 내용들을 장기기억화하는 것이다.

　매주 배운 내용의 복습. 기본 개념과 공식 암기라는 엄청난 미션이 주어졌고, 어느 날부턴가 조금씩 나는 인도의 암기 교육에 대해서 관심을 갖기 시작했다.

인도의 교육에서 배운 암기법

———◆◆◆———

인도는 세계적으로 천재가 많은 나라다. 미국 실리콘밸리에는 전 세계의 천재들이 모이는데, 그곳의 최고 경영자는 모두 인도인이다. 어떻게 인도가 그렇게 영향력 있는 인재들을 많이 배출해 낼 수 있었던 것일까?

세계인들은 오늘도 인도의 교육에 초점을 맞추고 있다. 세계의 이목을 집중시키는 이 나라는 암기 교육으로도 유명한데, 인도의 일부 아이들은 힌두 경전을 달달 외우고 다닌다.

한 EBS 채널에서 인도 학교의 한 교장은 학생들은 암기를 통해서 기억력이 향상된다고 믿고 있다고 대답했다. 어릴 때부터 암기를 습관적으로 생활화했던 학교의 아이들은 긴 경전들을 술술 외워댔다. 그렇게 인도인들은 끊임없이 뇌를 자극하고 활용하고 있었다.

그렇다면 암기를 많이 하게 되면 과연 머리가 좋아지는 것일까?

나는 그렇다고 확신한다. 인간의 뇌는 쓸수록 발달하기 때문이다. 물론, 아직도 뇌에 관해서는 밝혀지지 않은 부분들이 더 많기 때문에 앞으로도 끊임없이 연구해야 할 과제이기도 하다.

　하지만 여기서 주목할 만한 사실은 이제 겨우 열 살의 인도 소녀가 타고
난 영재가 아니었음에도 불구하고 꾸준한 노력으로 암기력이 향상되었다
는 점이다. 정말 놀랍게도 정확하게 모든 단어를 기억해 내는 능력이 뛰어
나서 취재진을 놀라게 했다. 이처럼 인도의 학생들은 각자의 암기 노하우
를 가지고 있었다. 지능이 높지 않아도 끊임없이 뇌를 자극하면 얼마든지
공부를 잘할 수 있게 된다는 것을 보여주는 좋은 사례라고 할 수 있다.

　물론, 인도의 교육과정은 암기 위주의 학습법은 아니다. 자신의 의견을
논리적으로 펼쳐내는 사고력 공부에 주안점을 두고 있기 때문에 객관식
시험이 존재하지 않고 문제 풀이의 전 과정을 중요시한다. 그런데도 불구
하고 학생들은 자진해서 암기 공부를 하고 있었다.

　그렇다면 창의력과 암기는 어떤 상관관계가 있을까? 종종 창의력이 떨
어진단 이유로 단순 암기 공부를 배재하기도 한다. 하지만 내 생각은 다르
다. 모방은 창조의 어머니라고 했듯이, 기본적인 개념이나 공식들을 암기
한다면 그 후에 창의성 역시 빛을 발할 것이라고 믿고 있다. 그런 믿음이
있었기 때문에 나 역시 인도의 교육에 집중하고 있다.

　그들의 암송 교육은 이해로부터 시작했고, 암송은 그 후에 진행됐다. 그
리고 암기를 위해서는 반드시 이해를 바탕으로 해야 한다고 주장했다.

특히 상대방을 설득해야 하는 시대를 살아가는 지금, 그들의 암기 교육은 사회생활을 할 때도 엄청난 성과를 불러일으킨다고 한다. 그래서 오늘날 미국의 NASA에도 뛰어난 인도 수재들이 끊임없이 진출하고 있는 영광을 맛보고 있다.

우리나라도 최근에 백지 테스트 교육이 널리 성행하고 있는데 나 역시 이러한 교육에 적극 찬성하는 바다. 배운 내용을 암기하고 스스로 정리해 보는 연습은 아주 중요한 공부 습관이다. 이 과정에서 아는 것과 모르는 것을 구별해내는 메타인지 또한 성장할 수 있기 때문이다.

그들에게는 교육이 신분의 레벨을 상승시킬 수 있는 유일한 방법이었기 때문에 아주 맹목적으로 집착할 수밖에 없는 환경이다. 그리고 그 최선의 방법으로 암기와 사고력 강화 교육을 선택했던 것이다.

특히 인도는 수학에 아주 강한 나라이며 아이티 강국으로 불리는데 수학은 공식 암기가 꼭 필요한 영역이기 때문에 인도의 교육에 잘 맞아떨어질 수밖에 없다. 물론, 인도인들의 수학 접근 방식이 단순 암기는 아니다. 수학을 게임처럼 가지고 노는 도구로 여기므로 수학적 사고가 유연하고, 어려서부터 숫자를 가지고 노는 학생들이 많다. 그들은 일상에도 숫자를 녹여내서 자연스럽게 사용하고 있다. 정답을 찾기 위한 수학이 아니라 그 본질에 충실하기 때문에 지금까지도 수학의 나라로 자리 잡고 있는 것이다.

인도 천재들은 스피드 체스를 즐겨 하고 있었다. 즉, 두뇌로 하는 게임을 통해서 뇌를 부지런히 움직이는 것을 좋아했고, 밤새 무언가를 개발하기 위해서 애쓰는 모습을 엿볼 수 있었다.

하지만 이 나라의 안타까운 현실은 열악한 교육 상황으로 인해 영재로 태어났음에도 불구하고 획일적인 교육을 받아야 했던 아이들이 많다는 것이다. 그렇게 정작 인도인들은 종종 그 나라의 천재를 인지하지 못하고 넘어가는 안타까운 경우들도 많다고 한다.

그들의 최상위 꿈은 엔지니어다. 상위 25%만의 학생들이 응시할 수 있는 인도의 한 공과대학은 인도 학생들의 꿈이다. 그들은 그곳을 입학하기만 하면 신분이 상승한다고 믿고 있었다. 우리나라가 의대를 선호하듯이 그들은 컴퓨터 학과와 전기공학과를 선호한다. 수업은 주로 질문으로 이루어지는데 스스로 답을 찾아가는 방식으로 진행되고 있었다.

그들에게 무엇보다 중요했던 것은 삶에 대한 간절함이었다. 그 절실함이 강한 원동력이 되어, 필사적으로 그들을 공부에 매달리게 만들었다. 이처럼 간절함이 때로는 삶에 강한 동기부여가 되기도 한다.

최근 MZ세대들 이하는 '적게 일하고 많이 벌자.'라는 말이 생겨날 정도로 무언가를 위해서 간절하게 애쓰는 사람들이 생각보다 많지 않다고 한다. '애써 노력해 봤자 어차피 안 될 거야.'라는 부정적인 생각이 만연하기 때문이다. 겨우 이삼십 대의 젊은 사람들이 벌써부터 그렇게 나태한 삶의 태도를 가지고 있는 것을 보면 참으로 안타깝다.

세계의 무대를 장악하는 인도. 그곳은 오늘도 끊임없이 세계적인 기업가들을 양성하고, 선진국으로 발돋움하고 있다.

이쯤에서 한 번쯤은 세계적으로 주목받고 있고, 치열하게 살고 있는 인도의 교육 방식을 우리도 유심히 관찰할 필요가 있다고 생각한다. 그렇게 각 나라의 교육 장점들을 벤치마킹해서 우리도 세계적인 리더의 그룹에 우뚝 올라서야 할 것이다.

핀란드 교육에서 아이들의 가능성을 보다

—◆◆◆—

핀란드는 인구수가 우리의 10분의 1에 해당하는 작은 나라이며, 다른 국가들과의 교류도 많지 않은 나라다. 하지만 이곳은 교육을 통해서 인재들을 양성하고, 독서 교육을 중요시하는 나라로 아주 유명하다. 세계 최고의 공교육으로 인정받는 이곳은 과연 어떻게 교육을 시키고 있을까.

학생에게 선택의 자유를 주고 한 명의 학생도 포기하지 않는다는 원칙을 가지고 있는 핀란드. 그들은 아이들 중 누구 하나라도 소외시키면 안 된다는 철학을 가지고 있다. 핀란드 역시 우리나라처럼 인재교육에 신경을 많이 쓰는 곳으로 훌륭한 인재들이 나라의 미래를 이끌어 간다는 현실을 아주 잘 알고 있는 것이다.

우리나라는 초등학교 때부터 사교육을 통해서 치열하게 공부하고 공교육에서도 각종 테스트로 아이들을 서열화하지만, 핀란드는 공교육에서 테스트하는 것이 법으로 금지되어 있다. 그 이유는 모든 아이들은 가능성이 있고 잠재력을 꽃피우는 시기가 저마다 다르다고 생각하기 때문이다.

실제로 핀란드에서 직접 교육을 경험해 본 한 학생의 인터뷰에 의하면 그들은 교사에 대한 자긍심이 상당히 크다고 한다. 사회적으로도 교사를 매우 우대해 주고 있으며, 학생들도 선생님에 대한 존경심이 상당히 크다. 이곳의 교사들은 법조인이나 의사와 같은 대우를 받고 있으며 교사에게 자율성을 많이 주고 있다.

교육에 대한 자부심이 높기 때문에 교사들도 조금 더 신명나게 아이들을 가르칠 수 있다. 스웨덴 같은 경우는 교사가 기피 직업이기 때문에 학교 측에서도 매우 어려움을 겪고 있는데 핀란드처럼 교사를 존중하는 문화가 확산된다면 공교육 역시 좀 더 발전하는 계기가 되지 않을까 생각된다.

그리고 선생님들이 수업은 전문적이지만, 평소에는 친구 같은 마인드로 아이들을 대하기 때문에 아이들과 선생님들 간에 친밀감이 높아서 학생들이 학교를 조금 더 즐겁게 다닐 수 있다고 한다.

또한, 서로가 서로를 존중해주기 때문에 토론 문화가 많이 발달되어 있고 치열한 경쟁이 거의 없기 때문에 삶의 만족도가 매우 높다. 성적이 낮은 학생들의 경우 따로 학업을 보충해 주기도 하고 모든 지원을 아낌없이 쏟아부어 다른 학생들과 비슷한 수준으로 맞추려고 노력한다.

우리나라는 어딜 가나 학생들을 서열화하고 아이들을 전쟁 속으로 내모는 데 비하여 핀란드는 학생들을 우열에 따라 선별할 필요가 없다고 생각하는 점이 참 인상적이다.

이 나라는 독서를 중요시하는 나라로 70%가 넘는 국민들이 매일 독서를 하고 있다. 이러한 독서 문화가 그들의 인재 양성에 엄청난 기여를 하고 있었음은 분명할 것이다. 소규모의 협동 학습으로 학생들이 함께 지식 탐구하는 과정을 중요시하고 있다.

이곳은 아이들의 꿈을 존중해주는 교육으로도 아주 훌륭하다. 직업 평등이 강조되는 나라이기 때문에 대부분의 직업에 임금 격차가 크지 않다. 학부 과정부터 박사 과정까지 등록금을 면제해 주며 모든 학생에게 다양한 혜택들이 주어지고 있다.

핀란드의 학생들은 70% 이상의 아이들이 공부가 즐겁다고 대답하는 곳으로 유명한데 바로 이러한 점들이 그들을 행복한 교육으로 이끌었던 것이다. 독서와 토론을 중요시하고 아이들의 행복 교육을 우선하는 점은 독일의 교육과도 유사하다고 볼 수 있는데 독일에는 학교 수업에 '행복'이라는 과목이 포함되어 있을 정도로 그 가치를 중대하게 본다.

하지만 그렇다고 해서 핀란드 학생들의 교육 수준이 절대 낮은 것은 아니다. 학생들은 상당한 수준의 외국어 능력과 학업 능력을 가지고 있다. 직업교육이 활성화되어 있기 때문에 학생들이 자신들의 꿈을 찾는 데 훨씬 더 유리한 고지를 가지고 있으며 나라에서도 아주 적극적으로 지원해 주고 있다.

학생들의 잠재적 가치를 찾아주기 위해서 노력하고, 아이들의 행복을 응원하지만 그들의 성공과는 결부시키지 않는 나라. 누구 하나 낙오자가 없는 교육. 어찌 보면 우리나라의 치열한 교육 경쟁의 부작용을 해결할 수 있는 좋은 롤모델이 될 수도 있지 않을까 생각된다. 이러한 교육 마인드는 우리나라에서도 벤치마킹하면 참 좋을 것 같다.

조기교육의 중심 싱가포르

◆━◆◆◆━◆

싱가포르는 아시아계에서도 매우 잘 사는 나라로 꼽힌다. 교육열도 상당히 높아서, 최근 우리나라에서도 싱가포르로 유학을 떠나는 아이들이 늘어나고 있다.

싱가포르 아이들의 인생은 초등학교 6학년 때 결정된다는 말이 있듯이, 그들의 교육열은 상당히 높다. 이 나라 역시 매우 작은 나라였기 때문에 우리나라처럼 인재 양성에 힘썼던 것이다. 이곳은 초 6때 중학교에 가기 위한 시험을 보게 되는데 우리나라의 대학 시험과 비슷한 관문이기 때문에 대부분의 아이들이 아주 필사적으로 매달린다. 핀란드와는 달리, 어렸을 때부터 철저하게 서열화하는 냉정한 나라이기도 하다. 어린 나이에 벌써부터 진로가 결정되다니 참 서글픈 현실이기도 하다.

우리나라도 대치동 같은 특수지역에서는 사교육 시장 안에서 그 서열화가 일반적이다. 대형 학원의 어느 레벨이냐에 따라서 학생들의 입지를 드러내기도 하고, 우대해 주기도 한다. 싱가포르 역시 어렸을 때부터 공부를 안 할 수 없는 구조이기 때문에 학업성취도가 상당히 높다.

이곳은 국제학교보다 저렴하고 학생들에게 다양한 기회들이 주어진다. 학교 과정만 잘 따라가면 입시를 치르는 게 다소 편해지고, 다양한 문화를 접할 수 있어서 아이들이 글로벌한 인재로 성장하기에 유리하다.

반면, 단점은 초등부터 입시 스트레스가 너무 심하다는 점이다. 적극적이고 잘하는 아이들은 물 만난 고기가 되지만 그렇지 못한 아이들은 어린 시절부터 쉽게 좌절할 수 있다. 하지만 나날이 질 좋은 교육 서비스를 위해 노력하고 있고, 세계적인 명문대학의 단과대학을 유치하기도 하는 등 매우 세심하게 아이들을 성장시키고 있다.

초등 4년이 끝나고 중등 과정 6년을 지낸다는 점이 우리나라와는 다소 다른 점이다. 초등학교 졸업시험에서 우수한 성적으로 졸업해서 좋은 중학교를 들어가면 다행이지만, 그렇지 못한 학생들은 중학교를 재수하기도 한다. 부모의 소득수준이 아이들의 교육 수준과도 관련이 높기 때문에 다소 아쉬운 부분들이기도 하다.

이곳은 여전히 공식적인 체벌이 가능해서 아이들을 강하게 교육하고 있는데, 이는 다른 나라의 아이들에게도 동일하게 적용된다. 싱가포르에 가면 그들의 법을 따라야 하는 것이니 이러한 전반적인 상황을 잘 인지하는 편이 좋을 것 같다.

유대인에게 배우는 하브루타 교육

----◆•◆•◆----

교육하면 뭐니 뭐니 해도 빠질 수 없는 것이 유대인의 '하브루타' 교육이다. '하브루타'란 단짝을 지어 질문하고 토론하는 것을 의미한다. 유대인들은 초등학교부터 탈무드를 공부하기 시작하여 계속해서 그 과정을 심화한다. 끊임없이 그 과정을 반복하면서 '하브루타' 교육을 하게 되는데 그사이에 이들의 논리적 사고능력은 엄청난 성장을 하게 된다.

실제로 많은 나라들이 유대인의 교육 방법을 칭찬하고 모방하는 것도 사실이다. 가족 간에 밥상머리에서부터 대화가 시작된다는 그들의 문화는 진정 타의 모범이 되고 있다. 인간은 질문에 대한 해답을 찾아가고 끊임없이 고뇌하는 자세를 통해서 그 내면이 성장하기 때문이다. 또한, 성인이 되어 사회생활을 할 때도 내가 유리한 고지에 위치하기 위해서는 항상 상대방을 잘 설득할 줄 알아야 한다. 이는 모든 면에서 아주 중요하고 하루아침에 완성되는 것이 아니기 때문에 어릴 때부터 충분한 훈련이 필요하다.

이들은 어린 시절에 아이 성적에 지나치게 집착하지 않는다. 혹시나 지능이 높지 않아도 끝까지 포기하지 않도록 노력하고 있으며 절대로 억지로 공부를 강요하지 않는다. 그리고 그러한 토론 문화를 잘하기 위해서는 부모가 엄청난 노력을 해야 하는데 적어도 아이만큼의 지식은 확보를 하고 있어야 유창한 대화가 가능해지기 때문이다. 부모가 끊임없이 공부하지 않으면 내 아이와 감히 '하브루타'를 논할 수 없다. 그렇게 어른들이 지속적으로 공부하는 모습을 보여주고 있으니 아이들 역시 자연스럽게 보고 배울 수밖에 없다. 굳이 애써가며 공부를 강요할 필요가 없는 이유이기도 하다.

유대인 토론 교육은 아이들의 뇌 발달에도 많은 영향을 끼치고 있다. 지속적으로 아이의 사고력을 자극할 수 있고 그 과정에서 창의성도 함께 증진된다. 또한, 부모와의 애착 형성에도 엄청난 장점이 될 수 있다. 대화를 하는 과정에서 지속적으로 눈을 맞추고 서로의 감정선을 읽어나갈 수 있기 때문에 가족 간의 갈등을 줄여나갈 수 있다. 꼬리에 꼬리를 무는 질문을 통해서 사고를 확장시키는 활동들은 우리나라도 아주 어린아이들부터 실천했으면 하는 좋은 교육법으로 적극적으로 추천하는 바다. 내 아이의 생각 주머니, 엄마의 적은 노력으로 인해 얼마든지 확장할 수 있다.

미래의 직업변화와 고교학점제

———◆◆◆———

그렇다면 과연 우리 아이들이 대학입시를 끝내는 십 년 후에는 어떤 직업들이 새로 생겨날까? 나 역시 매우 궁금해서 열심히 자료 조사했다가 매우 놀라운 사실을 깨달았다.

대치동은 지금까지도 의대에 대한 열기가 아주 뜨겁다. 극상위를 찍는 아이들은 의대부터 입시 원서를 쭉 쓰기 시작한다. 그만큼 동네에 의사 부모님을 둔 아이들이 상당히 많고, 자라온 환경이 그러하다 보니 어려서부터 자연스럽게 의사의 꿈을 꾸기 시작한 것이다.

하지만 우리 아이들이 성장한 십 년 후에는 또 어떤 직업군의 변화가 찾아올지 진지하게 고민해 볼 필요는 있다. 아이들은 어른들 이상의 세상을 볼 수 있어야 한다. 부모의 틀 안에서 성장하는 아이들은 원대한 꿈을 꾸기가 쉽지 않다. 특히 어렸을 때부터 주입식 세뇌로 키워진 아이들은 삶을 주체적으로 살기 힘들다.

고3을 졸업하고 대학교를 보냈더니 그렇게도 순하디순했던 아들이 정작 제 손으로 할 줄 아는 게 하나도 없다며 한탄하는 엄마들을 숱하게 보았다. 자기주도능력이 약한 나머지 눈앞에 놓인 모든 결정을 여전히 부모에게 의존하는 것이다.

나는 내 아이가 좋아하는 일을 꼭 찾았으면 좋겠다. 좋아하는 일을 꾸준히 하다 보면 언젠가는 돈벌이로까지 이어질 수도 있다. 그 분야에서 탑이 되려면 반드시 본인이 좋아하는 일을 해야 하며, 그 일을 즐기지 않으면 절대 쉽지 않다.

생각해 보면 대부분의 학생이 대학교를 갓 졸업하고, 여기저기 이력서를 수도 없이 넣으면서 받아주는 회사에 나를 끼워 맞추고 있다. 내가 좋아서 시작한 일도 아닌데 그런 확신 없는 태도로 그 안에서 탑의 경지까지 오르기란 절대 쉽지 않을 것이다. 그렇기 때문에 가장 중요한 건 아이가 그 일을 얼마나 좋아하는지가 우선시되어야 할 것이다.

학창 시절에 학교에서 적성검사라는 것을 우연히 했었는데 지금 생각해 보면 참 잘 맞았던 것 같다. 본인의 성향과 기질에 맞는 직업군을 유추해 보기에 좋은 자료라고 판단되어 성격검사라든지 적성검사는 나 역시 꽤 신뢰하는 편이다.

우리 아이들이 대학을 졸업해서 세상 밖으로 나갈 때쯤이면 또 한 번 직업군에 대변화가 생길 것으로 예상된다.

내가 자주 들르는 주차장만 해도 몇 달 전부터 경비 아저씨가 안 계시고, 무인 기계가 등장했다. 또한, 음식점만 가도 로봇이 우동을 끓이고 있고 접시를 나르고 있는 흔한 상황을 볼 수 있다. 그렇게 모든 것들이 무인화되기 시작하면서 하루아침에 일자리를 잃어버리는 사람들도 많이 등장하고 있다. 제아무리 전문직이라 하더라도 AI 앞에서는 무너질 수밖에 없는 것이 앞으로의 현실이다.

한 가지 확실한 건 어른들의 눈높이에 맞춰서 현재의 직업군에 아이들을 끼워 맞춘다면 더 이상의 발전은 기대하기 힘들다는 것이다. 미래의 창의적인 인재로 키우려면 호기심이 많은 아이로 키우라는 말이 있다.

미국 학생들과 우리나라 학생들의 차이점은 질문의 역량이라고 한다. 우리나라 학생들은 적극적이고 대담한 질문을 하는 태도가 다소 소극적이다. 그리고 인간에게 호기심과 질문이 사라진다면, 더 이상의 미래 변화는 힘들 것이다.

세상은 우리가 생각하는 그 이상으로 빠르게 변화하고 있다. 열심히 노력해서 일궈낸 노력들이 하루아침에 물거품이 되는 것을 원하지 않는다면, 앞날을 내다볼 줄 아는 통찰력을 키워야 할 것이다.

우리에게는 코로나 시대 몇 년 동안, 실제로 많은 변화가 찾아왔다. 학교나 회사에서는 거의 모든 것들이 디지털화되었고, 이제는 AI가 일상이 되기 시작했다. 누군가는 직업을 잃기도 했지만, 또 다른 누군가는 성공의 도약으로 삼아 실제로 엄청난 부를 거머쥐기도 했다.

미래에는 사회가 고령화될수록 건강 관련 학과가 뜰 것으로 예상된다. 노인복지 관련 사업은 지금도 매우 성행하고 있는데, 앞으로는 더 세분될 것이라고 한다.

또한, 재생가능에너지 연구 과학자 역시 인기 직종이다. 나날이 환경오염이 심각해지고, 사회적 관심도가 높아지기 때문에 AI와 마찬가지로 더욱 떠오를 직업 중에 하나로 손꼽힌다.

이처럼 미래에는 AI, 생명과학 등이 주를 이룰 것으로 보이기 때문에 학생들에게는 기본 과목들뿐만 아니라 창의적이고 문제해결에 유리한 과목들을 더 많이 공부해 둘 필요가 있다.

누군가는 먼저 두드리고, 개척해 나갈 수 있어야 더 나은 미래를 만들어 갈 수 있다. 앞으로도 계속해서 스티브 잡스 같은 인재가 튀어나와 세상을 주도하길 원한다면 부디, 아이들이 어른들 이상의 꿈을 꿀 수 있도록 해야 한다. 그런 의미에서 필자는 고교학점제 시행을 매우 긍정적인 시선으로 바라보고 있다. 이는 아이들이 미래 변화의 새로운 직업에 적응하기 위한 중간 다리 역할을 할 수 있기 때문이다.

우리는 변화가 매우 빠른 시대에 살고 있기 때문에 아마도 평생 교육에 주안점을 두어야 할 것이다. 늘 새로운 학습에 적극적으로 다가가는 자세로 임해야 한다. 4차 산업혁명으로 급변하는 미래에는 자기 주도적 학습이 더욱 중요해지는데 고교학점제가 이 역할을 아주 충실하게 수행할 수 있을 것으로 보인다.

이는 학생 스스로가 원하는 과목을 선택할 수 있고 이수 기준 학점을 취득해서 졸업하는 과정을 의미하며 이렇게 되면 특목고 수준의 심화 전문 과목들도 선택 가능한 것이 장점이다.

기존의 획일적인 교육 방식을 벗어나 온라인 학습실 등 학교 내 다양한 변화가 추진될 것으로 보인다. 학생들의 선택권이 보장된다는 장점이 있는 반면, 너무 어린 나이에 진로 결정에 대한 부담을 가질 수 있다는 것이 단점이다. 그리고 실제로 이를 수용할 만한 교직원들이 많아야 하는데 현실은 그렇지 못하기 때문에 고교학점제가 잘 안착하기 위해서는 앞으로도 끊임없는 개선이 필요할 것으로 보인다.

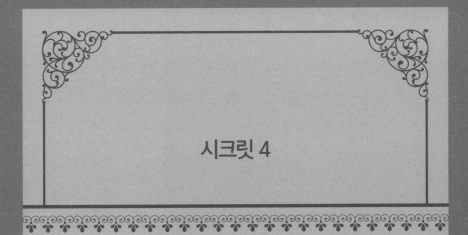

시크릿 4

입시는 마라톤이다

소신껏 내 아이를 믿어주자

———◆◆◆———

학군지 학원에는 수많은 입시 커리들이 존재한다. 그리고 그 커리들은 입시가 변화함에 따라서 끊임없이 달라진다. 대치동이 좋은 이유는 내 아이에게 맞는 학원을 취사선택할 수 있다는 점이다. 극상위들이 선호하는 커리는 물론 의대 커리이다. 때문에 대치동에는 초등 시절부터 학원들마다 의대반이라는 타이틀을 걸고 그 커리를 이어 나가고 있다. 한때는 의대를 지향하는 그 커리가 다 비슷해서 하나의 목표를 두고 다들 함께 움직이던 시절이 있었으나, 지금은 좀 달라졌다. 영과고에서 의대를 지양하는 콘셉트로 학생들을 뽑기 때문에 중등부터는 각자의 목표에 따라서 입시 방향이 달라져야 하는 것이다.

입시의 변화를 제대로 잘 알지 못하는 상황이라면 무턱대고 예전 선배들이 하던 대로 따라가는 경우가 많을 것이다. 그렇기 때문에 늘 촉을 세우고 공부해야 하는 것이다. 내 아이의 꿈과 목표에 맞게 커리를 재정비하고, 그 길이 아니라면 과감하게 턴할 수 있어야 한다.

그런데 막상 현실에서는 주변의 기호와 선택에 따라서 우르르 몰려다니는 경우들도 많다. 왠지 저 과정을 우리 아이도 해야만 될 것 같고, 저 수업을 꼭 들어야만 할 것 같은 불안감이 엄습한다. 초보 엄마들에겐 누구에게나 찾아오는 선택 장애. 그런 실수를 하지 않으려면 엄마가 먼저 입시 공부를 해야 한다. 아는 만큼 보이는 거라고 했다. 입시를 공부하면 학원 설명회를 가더라도, 어디까지만 취사선택해야겠다는 느낌이 바로 온다. '아저기까지는 팩트고, 저기부터는 마케팅이구나.'를 가늠할 수 있게 된다. 그렇지 않고 무방비 상태로 다닌다면 당신의 지갑은 점점 얇아지고 멘탈은 수도 없이 너덜너덜해질 것이다. 선행을 빨리 해야 한다는 재촉에 늘 불안할 것이며 좋은 레벨을 받지 못하면 아이를 다그칠 것이다. 하지만 아무리 열심히 공부해도 실수는 항상 일어나곤 한다. 학원들의 끊임없는 유혹과 그럴듯한 포장은 오늘도 수도 없이 그녀들을 흔들리게 만드는 것이다.

아이가 어릴 때는 탑반이 아니면 다니지 않을 정도로 무지한 엄마였다. 나를 비롯한 많은 엄마들이 지금도 그런 실수들을 무수히 많이 반복하며 살아가고 있다. 탑반에서 떨어지면 탑반에 붙을 때까지 서브 과외를 붙여서 어떻게든 뚫고 들어간다. 하지만 이는 어찌 보면 아이의 능력을 믿지 못했거나 엄마의 자존심을 위한 처사가 아니었을까.

단지 내가 저 엄마의 아이보다 아랫반에 다니는 게 싫은 거였고 우리 아이가 스스로 탑반까지 올라가리라는 확신이 없었기 때문일지도 모른다. '내가 다 채워주지 못한 나머지 빈틈은 스스로 잘 채워나갈 수 있겠지.'라는 믿음이 있다면 레벨에 개의치 않고 그냥 보낼 수도 있지 않았을까? 나 역시 많은 실수를 하며 아이를 여기까지 끌고 왔다. 하지만 다행인 점은 아이가 어렸을 때의 많은 실수를 통해서 어느 정도의 소신이 생겼다는 점이다. 나는 차라리 어린 시절에 그런 경험을 했던 것을 참 다행이라고 생각하면서 살고 있다. 그렇지 않았다면 아이가 중고등 시절에 겪었을 것이고 그땐 이미 돌이킬 수 없을 테니 말이다.

반면, 학군지에는 자신만의 소신을 가지고 뚝심 있게 자녀를 교육시키는 엄마들도 많다. 그녀들의 내면은 항상 단단하다. 내 아이에 대한 믿음이 있었고, 멀리 내다볼 줄 아는 혜안이 있기 때문에 주변에 좌지우지 않는 뚝심이 있었다. 남들이 모두 내로라하는 사교육에 아이들을 들이밀어 댈 때도, 내 아이에게 맞지 않는다면 단호하게 내칠 수 있는 결단력이 있었고, 아이가 힘들어하면 과감하게 브레이크를 걸 수 있는 용기 또한 가지고 있었다.

그렇게 일찌감치 자신만의 입시 커리를 구축한다면, 아이의 상장 하나하나에 일희일비하지 않을 테고, 당장 눈에 보이는 성과가 나타나지 않아도 흔들림 없이 내 아이와의 마라톤을 이어 나갈 수가 있다. 입시, 엄마도 공부해야 한다. 내 아이가 힘들지 않기 위해서.

그리고 여기서 가장 중요한 건 엄마의 멘탈이다. 나는 실제로 학군지에서 엄마와 아이의 멘탈이 거의 비슷하게 형성된다는 것을 느꼈다. 엄마가 멘탈이 약해서 성적에 일희일비하고, 모든 에너지가 그쪽으로 향해 있다면 그 집의 아이 역시 마찬가지였다. 자기보다 잘하는 친구가 있으면 견제하고 시샘 부리고 수도 없이 멘탈이 흔들리곤 한다. 그리고 급기야 학원을 가지 않는 경우들도 있었다.

반면, 멘탈이 강한 엄마들은 매사 본인의 감정에 좌우되지 않기 때문에 아이들을 들들 볶지 않는다. '이번에 못하면 다음번에 잘하면 되지. 괜찮아, 입시는 아직도 멀었는걸.' 이런 마인드로 묵묵히 자식을 지켜봐 주는 엄마들이 과연 몇이나 존재할까.

어느 유튜버가 한 말이 아직도 기억에 남는다. 자신은 고등학교 때까지 공부를 참 못하던 학생이었는데 어머님께서는 한 번도 질책하지 않으시고 끝까지 아들이 잘될 거라고 믿어주셨다고 했다. 그런 믿음에 반하지 않기 위해서 더욱 열심히 공부했고, 결국 엄마의 믿음이 아들의 기적을 만들어 내어 서울대에 당당하게 입학했다고 말했다.

영화 〈타고난 재능〉에서도 엄마의 믿음이 자식에게 어떤 기적을 선사하는지 잘 보여주고 있다. 학급에서 늘 꼴찌를 도맡아 하던 아들. 친구들은 그를 항상 멍청이라고 놀렸지만 그의 어머니는 넌 단지 너의 똑똑함을 사용하지 않은 거라며 그를 끝까지 믿어준다. 그리고 그녀의 지지 덕분에 벤 카슨은 샴쌍둥이 분리 수술을 성공하는 위대한 의사로 자리매김하게 된다.

얼마 전에 사업에서 성공한 한 여성 사업가 역시 이런 말을 했다. "내가 사회생활을 항상 자신 있게 할 수 있었던 이유는 아버지의 따뜻한 말씀 덕분이었다. 나는 그렇게 예쁘지도 않았고, 똑똑한 학생도 아니었지만, 아버지는 내게 늘 용기를 북돋아 주셨고, 내 존재의 가치를 인정해 주셨다. 나는 항상 어딜 가나 당당했고, 자신 있었다. 그건 다 아버지가 어릴 때부터 심어주신 자존감 덕분인 것 같다."

그 밖에도 부모의 무한 신뢰가 자식에게 얼마나 긍정적인 영향을 미치는지는 여러 사례를 통해서 알 수 있다. 실로 긍정적인 생각들이 긍정적인 결과를 낳는 경우가 많다. 나 자신을 믿는 신념은 무슨 일이든지 담대하게 헤쳐 나가게 만든다. 에디슨은 그의 공장이 다 타버렸던 시절에도 끝까지 희망을 놓지 않고 오히려 전화위복의 계기로 삼았으며, 오히려 그때까지 저지른 시행착오들이 다 타버리고 없어진 거라 위로했다. 그렇게 3주 후, 첫 축음기를 만들어냈다고 한다. 이러한 사례들만 보더라도 끝까지 희망을 놓지 않는 긍정의 힘이 살아가는 데 얼마나 중요한 역할을 하는지 모르는 사람이 없을 것이다. 단지 실천하는 자와, 그렇지 못한 자의 차이만 있을 뿐.

나는 '피그말리온 효과'가 자녀 교육을 시킬 때도 제법 통한다고 생각한다. 조각가 피그말리온은 아름다운 여인상을 조각하고 그 조각상을 진심으로 사랑하게 된다. 여신 아프로디테는 이런 그의 마음에 감동하여 조각상에게 생명력을 불어넣어 준다. 그렇게 간절히 원하면 이루어진다는 그리스 신화에서 유래된 말로써, 부모들 역시 아이들을 진심으로 믿어주고 응원해 준다면 반드시 꿈을 이루고, 사회에 이로운 사람이 될 수 있을 것이다.

물론, 여기에는 부모의 인내가 필요하다. 사랑이라는 이름으로 처음 다가온 우리 아이들. 이제는 기다림으로 그 사랑을 대신할 때가 아닐까.

자식을 부모의 통제와 간섭 아래서 키우다 보면 부모 이상의 성장을 기대하기는 어렵다는 말이 있듯이, 나는 내 아이가 더 넓은 세계에서 자유롭게 비상할 수 있기를 소망한다. 자식을 끝까지 믿어준다는 것. 어찌 보면 고슴도치 부모들이 할 수 있는 가장 쉬운 일이 아닐까.

시절인연에 집착하지 말자

❖

많은 엄마들이 아이의 어린이집 시절부터 초등 저학년 때까지 사회성을 키운다는 명목 아래, 아이 친구 만들어 주기에 연연하고 있다. 엄마들과의 관계가 쉽지 않고 불편함에도 불구하고 내 아이를 위해서 오늘도 꾸역꾸역 모임을 찾아다니는 엄마들.

결론부터 말하면, 전혀 일부러 애쓸 필요 없다. 아이가 어렸을 때는 엄마와의 충분한 교감과 상호작용만으로도 사회성을 키워주기엔 충분하다.

가족들과의 정서 교감이 우선이지, 그것도 제대로 안 된 상태에서 또래 친구들부터 만들어주려고 하는 건 상당한 판단 미스다. 솔직히 어찌 보면 엄마 만족의 모임이 될 수도 있는 것이다. 가슴에 손을 얹고 혹시나 내가 심심해서 그 모임에 참여하며 아이를 끌고 나가고 있는 건 아닌지 생각해 보자.

내가 아는 엄마 중에는 사람을 너무 좋아해서 매일 아파트 엄마들을 집으로 불러대는 지인도 있었다. 엄마들은 식탁에서 수다를 떨고, 아이들은 자기들끼리 노는 게 전부였다. 아이는 내성적이라 딱히 친구들과 어울리고 싶지 않았음에도 불구하고 본인이 외로워서 매일 그런 모임을 가졌다. 그렇게 그 중요한 시절을 엄마들과의 상호작용에 힘쓰느라 정작 내 아이의 정서를 들여다보지 못했다고 한다.

그리고 가장 중요한 사실은 그 모임들이 결국 몇 년 안에 흐지부지되는 경우들이 비일비재하다는 것이다. 그 당시에는 나만 소외될까 봐 어떻게 해서든지 유지하려고 발버둥 치던 그 인맥들이 몇 년이 지나면 정말 모래알처럼 흩어진다. 아이들의 서로 다른 교육관으로 인해서, 성적의 격차에 의해서, 엄마와 아이의 성향 차이로 인해서 서서히 각자의 길을 가게 된다.

육아에 지쳐 있던 그 시절, 아이와 온종일 씨름을 하다가 우연히 찾은 문화센터에서 어쩌다 만나는 또래 엄마들은 정말 사막의 오아시스 같았다. 하지만 시절인연이라는 말이 있듯이, 그 시절이 지나면 또 자연스럽게 새로운 인연들이 나타나게 마련이니 그 순간순간의 만남들에 너무 집착하지 않아도 괜찮다. 더군다나 그 목적이 아이의 사회성에 의한 것이라면 더더욱.

지금 아이에게 필요한 건 엄마의 다정한 눈빛과 애정 어린 교감일 뿐이다. 부디 엄마의 사회성을 위해 아이를 희생시키는 만행은 삼가자. 훗날, 그 소중한 시간을 시절인연들과 휩쓸려 다니며 날려버렸구나를 깨닫고 후회하기 싫다면 그 시간에 내 아이에게 조금 더 집중하자.

돼지엄마만 졸졸 따라다니지 말자

사교육 시장에는 유치원 시절부터 리드하는 엄마를 중심으로 졸졸 따라다니면서 그녀에게 정보를 갈구하는 엄마들이 상당히 많이 존재한다. 하지만 엄연히 내 아이와 그 집 아이는 다르게 태어났다. 엄마 아빠의 서로 다른 DNA를 바탕으로 개개인의 능력치 또한 다 다를 수밖에 없다. 로빈이 그 수업을 잘 받아들인다고 해서, 찰스까지 잘하리라는 보장은 절대 없는 것이다.

이 사실을 알면서도, 엄마들은 그녀들의 내적 불안으로 인해 내 아이가 잘하는 그룹에 소속되길 원하고, '용의 꼬리도 상관없다! 선두그룹에서 벗어나지만 말자!'는 심정으로 아이들을 무한 경쟁 속으로 내몰고 있다.

그 수업은 로빈 엄마를 중심으로 로빈에게 필요하기 때문에 만들어진 수업이다. 그 수업의 주인공은 로빈이고, 찰스는 그 수업을 따라가려면 서브 과외까지 붙여야 하는 상황이다. 찰스는 수업에 오면 항상 자존감이 낮아진다. 늘 자기 자신이 루저 같다. 로빈은 선생님 질문에 척척 대답도 잘하는데 자신은 간신히 그 수업을 따라가고 있다. 시험 점수도 늘 형편없이 나오지만, 엄마의 성화에 못 이겨 이 수업을 빠져나갈 수가 없다.

하지만, 찰스 역시 매우 훌륭한 학생이다. 그래서 어딜 가나 존재감 있고 당당한 아이였지만, 자신보다 잘하는 로빈을 보면 항상 시샘이 나고 수업에 올 때마다 스트레스를 받으니 그 시간이 점점 재미없게 느껴진다. 그래서 수업뿐만 아니라 그 과목까지 점점 흥미를 잃어가고 있었다. 그런데 알고 보면 찰스는 경시 성적 또한 우수해서 전국 30등 안에 드는 아이였다. 하지만 전국 1등을 찍는 로빈의 팀에 들어가 있으니 어린 나이에 벌써부터 자존감 하락의 경험을 하게 된 것이다.

이는 우리 주변에서 흔히 보이는 사례다. 아이가 어렸을 때는 자존감의 힘으로 공부를 한다고 해도 과언이 아니다. 일부러 내 아이의 자존감을 깎아가면서까지 로빈의 엄마를 따라다닐 필요가 있었을까? 성적이나 등수에 일희일비하지 않는 성격 좋은 아이라면 상관이 없겠지만, 찰스는 매사에 신경을 쓰는 소심한 아이이기 때문에 그녀의 선택은 현명하지 못했음을 의미한다.

어떤 그룹에 소속되어 진행하다 보면, 쉽게 빠져나오기가 매우 어려운 게 현실이지만, 그럴 때마다 엄마의 낄낄빠빠 결단력은 매우 중요하다. 항상 끊어낼 때를 아는 '촉'을 세우고 내 아이를 유심히 관찰하자. 공부 자존감을 한번 잃어버리면, 다시 회복하기까지는 꽤 오랜 시간이 걸리기 때문에 늘 신중해야 한다.

그리고 여기서 가장 중요한 사실. 로빈 엄마도 교육의 '미다스 손'은 아니다. 그녀도 무수한 시행착오를 거치면서 로빈을 키우고 있다. 초보인 그녀의 선택 역시, 때로는 옳지 않을 수도 있다. 도대체 그녀의 무엇을 믿고, 덜컥 내 아이의 운명을 함부로 맡겨버리는가. 이는 마치 도박에서의 베팅과 마찬가지다. 내가 믿고 따라가는 그 길이 알고 보면 맞는 길이 아닐 수도 있다는 걸 항상 명심하자.

어느 날, 로아 엄마의 표정이 좋지 않다. 그 이유를 물어보니, 같은 팀 돼지엄마(무리를 이끄는 엄마)가 자신의 아이 시간표에 맞게 스케줄을 급하게 조정해 버리는 바람에 로아의 시간표를 다 바꿔야 하는 상황이라고 투덜거렸다. 더 이상은 돼지엄마의 비위를 맞추고 싶지 않다며 당장 팀에서 나오고 싶은데 눈치가 보이는 입장이라고 덧붙였다.

실제로 이러한 일들은 비일비재하다. 시간표의 중심엔 돼지엄마가 있을 테니 그 친구를 중심으로 스케줄이 돌아가는 것은 당연지사다. 여기서 눈치 보며 군소리 없이 따라다니는 엄마들도 있지만, 일부는 속으로 은근 가슴앓이를 하기도 한다.

몇 년 뒤, 그렇게 비위 맞추며 따라다니던 돼지엄마의 커리가 잘못되었음을 알고, 로아 엄마는 땅을 치고 후회하게 된다.

로아의 목표는 전사고였는데, 돼지엄마 아이의 목표는 영재고였던 것이다. 입시 커리가 달라지고, 선택의 기로가 왔을 때, 로아 엄마는 돼지엄마를 따라다니다가 다른 과목을 챙기지 못했음을 깨달았다. 전사고는 국어, 영어가 매우 중요한데, 이제까지 수학만 계속 달려왔기 때문에 다른 과목들은 쌓아놓은 게 없었기 때문이었다. 그제야 그녀는 자신이 무모하고 맹목적으로 그녀를 따라다녔음을 깨달았다며 후회했다.

실제로 이러한 일들은 상당히 많다. 입시란 내 아이의 인생이 걸린 아주 중요한 일이다. 그저 맹목적으로 누군가에게 내 아이의 커리를 의지하는 일은 삼가야 할 것이다.

내 아이 객관화의 중요성

아이가 유치원을 다녀온 어느 날, 케빈의 집으로 불쾌한 전화 한 통이 날아들었다.

"저 찰스 엄마예요. 다름이 아니라 케빈이 여자애들을 시켜서 찰스를 때리고 갔다지 뭐예요. 사과해 주세요."

황당한 전화를 받은 케빈 엄마는 당장 케빈을 불러서 자초지종을 살펴보았다.

"난 그런 적이 없어. 여자애들이 찰스를 때리고 가면서 내가 시켰다고 거짓말을 한 거야."

아이들을 불러서 삼자대면을 했고, 결국 찰스 엄마의 판단 미스로 엄청난 실수를 하게 됐다.

찰스 엄마는 아들의 말을 곧이곧대로 믿고, 다짜고짜 따지고 들었던 것이다. 물론 세상의 모든 부모들은 자신의 아이 편을 들 수밖에 없다. 하지만 자칫, 상대방에게 엄청난 실수를 불러일으키는 결과를 가져올 수도 있다.

이게 만약, 찰스의 허언증이나 판단 미스에 의한 사건이었다면, 그녀는 케빈 엄마에게 돌이킬 수 없는 실언을 하게 되는 셈이기 때문이다. 그리고 어린아이들은 특히 자신이 생각한 대로 말하는 경향이 있기 때문에 자초지종을 잘 살펴봐야 한다. 그냥 친구가 미워서 혹은 시샘이 나서 덤터기를 씌우고 거짓말을 하는 경우들도 종종 있기 때문이다.

이 사실을 알고 찰스 엄마는 케빈 엄마에게 너무나 미안했다.

찰스는 케빈을 싫어한다. 동시에 둘이 스피킹 대회를 나갔다가 찰스가 떨어진 뒤로는 케빈의 모든 것들이 싫었다. 발표하기를 좋아하는 케빈은 늘 본인이 먼저 대답을 했고, 찰스는 자신의 기회를 빼앗긴다는 생각에 샘이 나기 시작했다. 좋아하는 여자 친구들도 케빈 주위에만 몰려있는 것 같고 자신은 늘 외톨이다. 그때부터 점점 케빈이 싫어졌다. 어느 날부턴가 쳐다보고 있으면 분노가 치밀기까지 했다.

그러던 어느 날, 여자 친구들이 자신을 툭 치고 가면서 케빈이 시켰다고 거짓말을 했다. 찰스 역시 케빈이 그러지 않았다는 것을 잘 알고 있었지만, 어차피 자신이 싫어하던 케빈이었기 때문에 그에게 누명을 씌우고 싶어졌다. 그래서 그 말을 그대로 믿어버리자고 결심하고 엄마에게 투덜거렸던 것이다.

물론 세상의 모든 부모들은 자신의 아이를 먼저 믿을 수밖에 없다. 나 역시 그런 엄마이기 때문에 찰스 엄마의 행동이 전혀 이해가 안 되는 것은 아니었다. 하지만, 그 전에 일단, 케빈이라는 친구가 어떤 친구인지 사전 조사 정도는 했어야 마땅하다. 한 다리만 걸쳐도 다 알아볼 수 있었는데, 너무 흥분한 나머지 그 과정을 빠뜨렸던 것이 그녀의 최대 실수였다.

케빈은 매우 모범적이고 이성적인 아이이기 때문에 여태까지 한 번도 사건 사고를 일으킨 적이 없는 아이였다. 그런 아이가 그런 짓을 했을 리는 만무하다. '조금만 더 신중했더라면 좋았을 텐데.'라는 아쉬움이 남는 그녀다. 결국, 그렇게 경솔한 행동을 해놓고 후회하는 건 자기 자신이었기 때문에 찰스 엄마는 그 사건 이후로 내 아이부터 점검해 보는 습관을 가졌다고 한다.

아이가 유치원 시절에는 이러한 사건들이 정말 많이 난무한다. 아이들의 의사소통이 채 발달하지 않은 나이이기 때문에 내 아이가 하는 말을 곧이곧대로 믿을 수밖에 없기 때문이다.

하지만 상대방 엄마에게 따지기 이전에 내가 이 사건을 들춰냄으로써 추후에 일어날 일들까지 과감하게 책임질 수 있는지를 고려해 봐야 한다. 즉, 만약에 우리 아이의 말이 사실이 아니라면? 우리 아이가 오해하는 거라면? 그다음엔 어떻게 되는 거지? 여기까지 충분히 고민을 해봐도 절대 급하지 않다. 모든 정황을 꼼꼼하게 따져보고, 분석해 봐도 너무나 억울한 사건이라면 그때 상대방 엄마에게 넌지시 얘기해 보는 것도 좋을 것 같다.

옛말에도 '가는 말이 고와야 오는 말이 곱다'고 했다. 감정선을 이기지 못해서 파르르 분노에 치민 마음으로는 절대 상대방에게 좋은 소리가 나갈 수 없다. 그런데 진짜 중요한 건 결국 상대방의 사과를 받아내는 것이 아닌가. 제아무리 가해자의 엄마라 해도 날 선 상대방을 곱게 볼 엄마는 아마 한 명도 없을 것이다. 그럴수록 반감만 심해지고 결국 싸움만 부추기는 꼴이 된다. 그렇게 결국 학폭위까지 열려야 직성이 풀리는 그녀들. 이런 사건들은 아이들과 엄마들 사이에서 전국적으로 무수히 반복되고 있다.

실제로 학폭위 담당 경찰들은 하루에도 수십 건씩 들어오는 사건들로 인하여 너무 힘들다고 토로한다. 아이들의 사소한 일도 본인들의 감정 싸움으로 인해 더욱 커다란 일로 만들어 내는 게 엄마들의 재주 같다는 말과 더불어.

원수는 외나무다리에서 만난다는 말이 있다. 실제로 세상을 살아가다 보면 이상하게도 내가 미워했던 그 사람을 계속 만나게 되는 상황들이 생긴다. S는 아이가 어린 시절 사이가 안 좋았던 엄마와 입시가 끝나는 그날까지 계속 만나게 되더라며 한탄을 했다. 그리고 생각해 보면 그때 참 별일 아니었는데 조금만 참고 넘어갈걸 그랬다며 후회했다.

부디, 사소한 사건들로 인하여 굳이 애써서 주위에 적을 많이 만드는 지혜롭지 못한 엄마가 되지 않기를.

학군지에서 좋은 인연을 찾아내는 노하우

---◆◆◆---

나는 인간관계의 기준이 늘 완벽에 가깝기 때문에 곁에 둘 사람을 고를 때도 꽤 까다로운 편이다. 내가 그렇게 된 데에는 물론 내 주변 친구들의 영향도 컸던 것 같다. 그녀들은 이십오 년이 지난 지금까지도 한 번도 나를 실망시킨 적이 없을 정도로 자기 관리가 철저했고, 사려 깊었기 때문이다. 어렸을 때부터 늘 기준을 베프들에게 두었으니 학군지에서도 내 인연을 만나기란 여간 쉽지 않은 게 사실이었다.

나 역시 무수한 시행착오를 거치며 여기까지 왔다. 유치원 시절에는 조금만 나를 이용하려는 듯 보여도, 피해주는 듯 보여도 칼같이 그 인연을 정리하곤 했다. 그러던 어느 날, 내가 지나치게 인간관계의 기준이 높았던 것은 아닐까? 내가 예민한 걸 수도 있겠다는 판단하에, 조금씩 엄마들에게 먼저 마음의 문을 열고 다가가 보기로 다짐했다.

대치동은 끼리끼리 문화가 만연해 보통은 성적에 따라서, 학원 레벨에 따라서 아이들과 엄마들의 인맥이 나뉘는 경우들도 많다. 하지만 그렇게 목적에 의한 인연들은 결국엔 다 깨지게 마련이다. 나는 어릴 때 팀들이 현재까지 이어가는 경우를 거의 보지 못했다.

그래서 그때 당시 내가 선택했던 방법은, 결이 맞는 엄마들을 만나는 거였다. 내 아이의 수학 진도나 레벨에 상관없이 엄마들과 교류하기 시작했다. 솔직히 대치동에 살면서 아예 친구들 성적에 관심이 없었다면 거짓말일지도 모른다. 운이 좋게도, 내 주변 엄마들은 거의 다 온화하고 아이들도 상당히 모범생들이라서 그 친구들의 미래가 기대되기도 한다.

이런 내가 다른 엄마들과 조금 다른 점이 있었다면, 다른 엄마들은 현재의 성적이나 진도, 학원 레벨을 보고 아이 친구들이나 인맥을 유지하는 경우가 많았지만 나는 미래 가능성에 주로 그 주안점을 두었던 것 같다. 즉, '앞으로 잘할 친구들'이 내가 그나마 유심히 보는 점이었다. 다행스럽게도 나는 촉이 좀 발달한 편이라서, 아이들을 보면 대략적인 것들을 잘 파악하는 편이다. 그리고 참 신기하게도 내 예감이 몇 년 지난 후, 맞아떨어질 때가 참 많았다. 분명히 유치원 때는 두각을 나타내지 못하다가 초등 시절이 되니 수상을 휩쓸기도 하고, 학교에서 내내 회장으로 리드하는 친구들이 주변에 많아졌다. 학군지에서 이런 케이스의 엄마라면 다소 운이 좋은 편이라고 볼 수 있다.

나는 처음부터 욕심이 과한 엄마들을 피했다. 제아무리 현재 탑을 달리고 학군지를 주름잡는 엄마라 할지라도, 일단 욕심이 과하면 결국에는 탈이 나게 되어 있다. 그런 엄마들과의 관계가 끝이 좋은 경우들은 거의 드물기 때문이다. 설령, 우리 아이가 그 집 아이를 넘어서는 날이 오기라도 한다면 곁에서 그 시기가 말도 못 한다.

직접 그런 엄마들을 경험해 본 이후로는, 그 집 아이가 아무리 성적이 좋아도 엄마 얼굴에 표독스러운 욕심이 드리워지는 것을 본다면 무조건 피하는 편이다. 물론, 학군지에서 내 아이 성적에 욕심이 없는 엄마는 거의 드물다. 하지만, 그 욕심을 드러내느냐, 드러내지 않느냐는 상당한 차이를 보인다. 욕심이 생기지만 참고, 묵묵히 소신껏 마이웨이를 하는 엄마들은 상대방에게 민폐를 끼치지 않지만, 그 욕심을 참지 못하고 표출하는 엄마들은 반드시 그 시기심으로 인해 어깃장을 놓거나 피해를 주는 경우가 빈번한 경우들을 많이 보았다.

실례로 한 엄마는 본인 아이가 대형 학원의 탑반을 들어간 다음부터 갑자기 어깨에 뽕이 솟아오르면서 잘난 척을 하기 시작하더니 매일 카톡을 수십 개씩 보내기 시작했다. 나는 그때 졸부가 이런 느낌일까 그런 생각도 들었다. 어느 날, 갑자기 로또에 당첨이 돼서 부를 거머쥔 사람의 태도랄까.

늘 평소에도 공부 잘하던 엄마들은 딱히 말이 없다. 그저 묵묵히 자신의 길을 걸어갈 뿐이다. 그런데 꼭 갑자기 성적이 오른 엄마들이 꽤 요란하다는 것을 느낀다. 그렇게 몇 번 욕심이 과한 엄마들을 상대해 본 이후로는 가능하면 온화하고 감정선을 절제할 줄 아는 엄마들을 더 신뢰하는 편이다.

그리고 나는 처음부터 과하게 친절한 사람들도 경계한다. 그런 사람들은 본인의 목적 달성과 함께 사라지는 경우들도 많기 때문이다. 정보 획득을 목적으로 각종 쿠폰 선물과 아부를 일삼다가 더 이상 이용 가치가 없어지면 굿바이.

내가 만약 처음부터 비슷한 교육관과 아이들 성적 위주로 엄마들을 골라 사귀었다면 아마 지금쯤 내 주변에는 남아 있는 엄마들이 한 명도 없었을 것이다. 아이들은 수도 없이 변화하고 작년의 꼴찌가 내년의 1등이 되는 경우들도 있기 때문에, 함부로 섣부르게 판단하면 안 된다.

우리는 입시가 끝나도 계속해서 인연을 이어가야 한다. 그 목적이 다함과 함께 사라질 인연이라면, 애써 유지할 필요가 있나 그런 생각이 들곤 한다. 그리고 그런 마음으로 사귄 나의 인연들 덕분에 남은 대치동 삶도 그리 팍팍하지만은 않을 것이라고 확신한다.

사람은 누구나 외로운 존재다. 우리가 이 땅에 태어나서 누군가의 옷깃을 스치고 서로의 인연이 된다는 것은 매우 가치 있는 일이다. 나의 가벼운 언행들로 인해 소중한 인연들을 놓치는 일들은 없어야 할 것이다.

'자세히 보아야 예쁘다. 오래 보아야 아름답다.'라는 나태주 시인의 말처럼, 전국의 수많은 엄마들이 오늘도 알면 알수록 더 귀해지고, 보석 같은 만남을 이어가기를 응원한다.

부디 서로가 서로에게 그런 좋은 인연이 될 수 있기를.

입시, 초등이면 아직 늦지 않았다

❖◆❖

학원가 설명회를 돌아다니다 보면, 수도 없이 듣는 멘트 중의 하나는 '서두르십시오. 늦었습니다.'이다.

도대체 초등학교 아이들이 늦었으면 얼마나 늦고, 빠르면 얼마나 빠르다는 건지, 이해할 수가 없다. 여기저기 방송 상담 코너들을 보면 "저는 몇 학년인데 수학 진도가 너무 느려서 걱정입니다."라는 글이 가장 많이 올라온다.

나는 솔직히 이런 질문을 하는 엄마들조차도 이해가 안 된다. 도대체 무슨 대답이 듣고 싶었던 것일까. 전문가 입장에서 늦었다고 대답하면 내 아이를 쉽게 포기라도 할 것이란 말인가.

물론, 아직 늦지 않았다는 달콤한 위로가 듣고 싶었을 것이다. 그저 불안한 마음에 재차 묻는다는 것을 알지만, 차라리 그럴 시간에 내 아이를 한 번 더 믿어주자.

학원들 입장에서는 어떻게 해서든지 한 명이라도 더 학생들을 받는 것이 목적이다. 그렇기 때문에 기업의 마케팅이 고스란히 전가될 수밖에 없는 것이다. 즉, 고객에게 자신들이 전략적으로 내놓은 상품을 팔아야 한다. 때문에 끊임없이 설득하고, 홍보하고, 유혹한다.

솔직히, 가끔은 엄마들에게 불안감을 조성하는 것도 사실이다. 하지만 우리는 수많은 사례들을 통해서 수도 없이 역전하는 그들을 지켜봤다.

인간의 뇌는 그토록 신비했고, 몰입력과 의지만 있다면 무엇이든지 해낸다는 것을 알 수 있다. 그리고 우리 아이들이 그중의 하나가 되지 말란 법은 없다. 엄마들이 끝까지 해줘야 하는 것은 지속적으로 '넌 할 수 있다.'는 가능성을 세뇌하는 일이다. '네가 얼마나 뜨거운 사람인지, 열심히 할 수 있는 사람인지, 멋지게 날 수 있는 아이인지.'를 알려주는 것이 부모의 역할이다.

공부의 본질은 누군가와의 경쟁이 아니라 나 자신의 지속적인 발전이기 때문에 어제보다 오늘 더 성장했다면 그걸로 충분한 것이다. 그렇게 나 자신과의 싸움에서 지속적인 승리를 하고, 앞으로 나아갈 수 있느냐가 중요한 것이지, 당장 1등을 하는 것이 목적이 된다면 절대 오래 갈 수 없다.

몇 년이 걸리든 간에 결국 내 아이의 목표에만 도달하면 되는 것이다. 누군가의 생각 없이 내뱉는 한마디에 내 아이의 미래를 좌지우지할 게 아니란 말이다. 결국 그 불안감들이 내 아이를 불안하게 만들고, 그게 독이 되어 잘 자랄 수 있는 내 아이 나무의 뿌리를 휘청이게 할 수도 있음을 명심하자. 엄마의 은연중 불신은 내 아이 화분에 건네는 한 방울의 독이다.

내 앞에 달리는 경쟁자의 아이들을 두려워하지 말자. 불안감 가득한 눈빛으로 바라보지 말자. 아직 우리 아이는 혼신의 힘을 다해 본 적이 없지 않은가. 더욱이 초등 시절이라면 이제서야 시작인데, 절대 이른 포기를 할 필요가 없다.

초등학교 2학년인 케이 엄마는 케이의 수학 학원 성적과 레벨을 부여잡고 엄청난 충격을 받았다. 그리고 그날 남편과 상의 끝에 아이를 바로 국제학교로 전학시켜 버렸다. 한국에서는 더 이상 답이 나오지 않을 것 같다는 이른 판단 덕분에 케이는 잘 다니던 한국학교를 그만두고 비인가 국제학교로 결국 이동을 하게 되었던 것이다.

아이의 꿈과 기호는 깡그리 무시한 채 엄마의 독단적인 결정이었다. '너는 한국에서는 성공하기 힘들 것 같다. 네 위에 이미 너무 많은 아이들이 상주해 있어. 외국으로 나가자.' 하지만 케이는 한국 학교가 너무 좋았다. 나름 모범생이라서 학교 생활도 잘 적응하고 있었고, 우리나라 입시에 최적화된 스마트한 아이였다. 그대로 내버려두었어도 그 아이는 한국에서 입시를 훌륭하게 치를 수 있었을 텐데 엄마의 불안감이 아이의 진로를 조기에 바꿔버렸던 것이다.

물론 외국으로 가서 더 나은 교육을 받는 것도 너무 좋은 일이지만, 문제는 아이의 의사와는 상관없이 단지 한국에서 지금 초등학교 2학년이 공부 성과가 좋지 않다는 이유로 방향을 전환했다는 게 너무 안타까웠다. 문제 상황에 직면할 때마다 피해 가는 법만 보여준다면 그 아이는 성인이 되어서도 결국 엄마와 똑같은 선택을 할 가능성이 높다.

아직 절대 늦지 않았다. 늦었다는 패배감에 실망하지도 말고, 내 아이의 눈빛만 바라봐 주자. 아직 패기 넘치고, 가능성 있는 아이들이다. 포기할 시간에 어떻게든지 할 수 있는 전략을 찾아내는 게 더욱 현명한 엄마가 아닐까.

나는 당신이 역전의 역전을 할 수 있는 엄마라고 믿는다. 인생에 장애물이 나타났을 때, 누군가는 그 장애물로 인해 포기를 하고, 또 누군가는 어떻게든 극복하기 위해 애쓰다가 결국 그 장애물을 극복하곤 한다. 내 아이에게 둘 중 어떤 엄마의 모습을 보여줄지는 당신의 선택에 달렸다. 아이들은 넘어져도 보고, 깨져도 보면서 더 강해지는 것이 아닐까.

물론, 교육이 처음이라서 막막한 마음은 잘 이해하겠지만, 그럴수록 더욱 엄마가 입시 공부를 열심히 해서 소신을 찾는다면 결코 흔들릴 이유가 없을 것이다.

엄마 마음이 흔들리지 않도록 잘 부여잡고, 아이의 멘탈도 약해지지 않도록 끝까지 포기하지 말자. 우리는 엄청난 진통 끝에 아이를 출산한 강한 엄마들이다. 우리 모두에게는 그러한 근성이 있다. 고로, 끝까지 잘 해낼 수 있으리라고 믿어 의심치 않는다. 브라보 아월 라이프. 우리 아이들의 눈부신 미래를 응원한다.

끝까지 과정을 즐기는 입시가 되길

아이들은 누구나 다 공부를 잘하고 싶어 한다. 잘하고 싶지만, 열심히 노력해도 한계에 부딪히기 때문에 힘들어하는 것이다. 하지만 모두가 알다시피 입시가 절대 인생의 끝은 아니다.

그저 꿈에 다가가는 단 하나의 관문일 뿐인 것이다. 수능이 끝나도 우리 아이들에게는 인생의 또 다른 관문들이 계속 존재한다. 실패할 때마다 피하고 포기하는 습관을 갖는다면 긴긴 인생을 홀로 헤쳐 나가기가 힘들 것이다.

나는 우리 아이가 오뚝이 정신이 강한 사람이 되었으면 좋겠다. 실패 속에서 깨달음을 얻고 더 강해져서 두 배로 도약하는 근성을 가진 아이로 자랐으면 한다.

물론, 한방에 수능 입시를 성공적으로 치르고, 원하는 대학에 턱 하니 합격한다면 너무도 좋겠지만, 대다수의 아이들이 그렇지 못하다. 그렇기 때문에 혹시나 실패하고 넘어졌을 때의 마음가짐 역시 대비해 두어야 한다. 그 자세는 입시가 끝난 이후의 삶에도 아주 지대한 영향을 끼치기 때문이다. 그래야만 추후의 사회생활도 성공적으로 적응해 나갈 수가 있다.

실제로 어렵게 입사한 회사에서도, 힘들게 내 인연을 만나서 연애를 했을 때도 이러한 오뚝이 정신이 없다면 쉽게 무너지기 마련이다.

우리는 언론을 통해서 너무도 나약한 젊은이들이 극단적인 선택을 하는 것을 자주 목격하곤 한다. 과연 그 원인은 어디에 있을까?

나는 회복 탄력성의 부재에 그 원인을 찾고 있다. 회복 탄력성이란 실패나 부정적인 상황을 극복하고 원래의 심리를 되찾는 힘을 의미하는데 이것이 클수록 인생을 살아갈 때 아주 큰 도움이 된다.

쉽게 꺾이지 않는 마음. 이를 위해서 가장 중요한 것은 우리의 뇌를 조절하는 것이다. 몸과 마음은 유기적으로 연결되어 있고, 마음은 뇌의 영향이 크다는 사실을 인지한다면 그 뜻을 바로 알아낼 수가 있을 것이다. 어려운 일이 생길 때마다 내 감정을 조절할 수 있는 힘. 힘든 일이 생겨도 쉽게 포기하지 않는 마음. 이는 누구에게나 존재하지만, 막상 시련이 닥쳤을 때는 저마다 해결 방식이 달라진다.

이를 위해서는 평소에 긍정 마인드를 가지고 살아가는 것이 가장 중요하다. 왜냐하면 긍정적인 생각도 결국 하나의 마음 근육으로 자리 잡기 때문이다. 즉, 모든 일에 초긍정 마인드는 회복 탄력성에 지대한 영향을 끼치므로 항상 감사하면서 살아가는 태도가 상당히 중요하다. 행복하기 때문에 웃는 것이 아니라 자주 웃기 때문에 행복하다는 말이 있듯이 매사에 긍정적인 아이들이 높은 회복 탄력성으로 자신의 목표치에 다가가기에 한결 더 수월해진다.

K는 당장 성적이 최상위권은 아니었지만 늘 그 과정을 즐겼다. 지난 학기보다 조금이라도 더 오른 성적표를 받고 기뻐했으며 계속해서 성적이 수직 상승할 것이라고 믿으면서 공부했다.

반면, S는 극상위권에 있었지만 5등이 떨어지고 나니 너무도 우울해서 도무지 공부를 할 수가 없었다. 왜냐하면 자신은 이제까지 한 번도 1등을 놓쳐본 적이 없었기 때문이었다. 자기 자신이 너무 한심하고, 입시를 딱 포기하고 싶은 심정이 들었다. 두 아이의 사례만을 지켜봐도 회복 탄력성이 얼마나 중요한지는 바로 인지할 수 있을 것이다. 과연 누가 최종 입시에 성공할 수 있을까?

결과에만 집착하면 반드시 부작용이 생길 수밖에 없다. 입시가 끝난다고 해서 인생이 끝나는 것도 아니고 어찌 보면 그제야 진정한 시작인 것이다. 비록 지금 당장 최상위가 아니라도, 어제보다 더 나은 내일을 노래하고, 꿈꾸는 우리 아이들이 되었으면 하는 게 필자의 작은 바람이다.

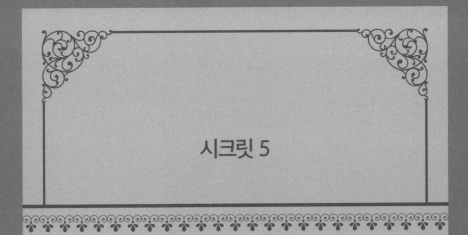

시크릿 5

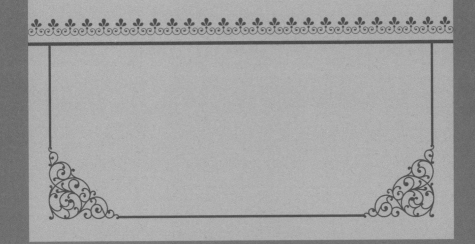

전지적 대치동 엄마 시점

공생관계가 되어야 한다

오늘도 우리는 서툰 초보 어른들끼리 아주 미성숙한 관계를 맺으며 살아가고 있다. 그리고, 그 안에서 일어나는 무수한 갈등들. 이는 여느 나라와 지역을 막론하고 전 세계적으로 모두가 겪는 일들이기도 하다.

그러한 인간관계의 갈등이 엄마들 집단에서도 여전히 끊이지 않고 있었다. 사회생활만 끝나면 더 이상 없을 줄 알았던 그 카오스의 도가니 속에 또다시 빠져들게 되었던 것이다.

결혼 전, 나는 우연히 사교육 현장에 몸을 담게 됐고, 그 후로부터 지금까지 무수히 많은 엄마들과 아이들, 원장님들과 선생님들을 만났다. 그리고 결혼 후, 십여 년 동안 내 아이를 데리고 다니면서 전지적 엄마의 관점으로 또 다른 신세계를 맛봤고, 그 안에서 벌어지는 크고 작은 에피소드들은 많은 경험과 깨달음을 안겨주었다. 그 관계 속에서 깨달은 것은 바로, 인간관계에도 GR 총량의 법칙이 있다는 거다. 그간 정말 수많은 진상 맘들을 만나봤고, 반대로, 나 역시 누군가의 진상 맘이 되는 일들도 비일비재했다.

가히 엄마들과의 관계는 사춘기 중고등 여학생들 집단의 연장이었다. 나잇살도 꽤 먹은 어른들이 노대체 왜 그런 걸까 곰곰이 생각해 봤다. 생각의 결론은, 나를 비롯한 대부분의 엄마들이 이십 대의 찬란한 리즈 시절을 보냈고, 아직은 미성숙한 채로 결혼을 했으며 그렇게 소녀가 아이를 낳았기 때문이었다. 본인의 인생에서 한 번도 제대로 성숙할 시간을 가져본 적이 없는 엄마들이 은근히 많았던 것이다.

반면 괜찮은 엄마들도 많이 있었다. 학창 시절에도 어른스럽고 지혜로운 친구들은 어느 곳에나 존재했듯이, 현모들은 지금도 자신만의 그 영롱한 빛을 유지하며 존재감을 드러내고 있다. 혹시나 그런 엄마들을 만난다면 당신은 행운아다. 절대 놓치지 말기를.

이러한 엄마들과의 관계에서 본격적으로 GR 총량이 꽃피우는 시기는 바로 유초등 시절인 것 같다. 아이가 초등 시절을 겪고 어느 정도의 경험치가 쌓여서 관계의 내공이 생기면 점점 줄어들기 마련이지만 막상 그 시기가 오면 어찌할 바를 몰라서 힘들어하는 엄마들이 상당수다.

그 시절에는 앞집 엄마도, 옆집 엄마도, 모두가 인간관계로 힘들어한다. 마치 이어달리기를 하듯 푸념의 향연들이 릴레이로 펼쳐진다. 하루는 저 엄마가, 또 하루는 이 엄마가 각자의 어처구니없는 에피소드들을 꺼내 놓으면서 마치 세상에서 자기가 가장 억울한 사건을 겪은 주인공인 것마냥 한 편의 드라마들을 각색한다.

그리고 나 역시 그 무대 위에서 함께 신나게 춤을 추던 엄마였다. 그러다 어느 날 문득 드는 생각. 우리는 과연 언제까지 이렇게 살아가야 할까. 입시는 아직도 많이 남았고, 엄마들과의 관계는 끝나지 않을 것이다. 그렇다면 매번 이렇게 엄마들과의 관계 속에서 힘들어하면서 한숨지으며 살아야 하는 것일까.

아이가 학교에 가면 오늘도 어김없이 걸려 오는 금성인들의 전화.
"언니, 나 또 진상 엄마 만났잖아."
"오늘은 또 어떤 엄마니?"
"말도 마, 시샘이 얼마나 많은지 우리 애가 어느 학원 다니는지 사사건건 다 캐묻고 따라오면서, 또 자기 정보는 얘기해주지도 않아."

이런 대화들은 친한 엄마들의 모임만 가도 흔히 들을 수 있는 내용이다. 그만큼 이런 엄마들이 너무도 많이 도처에 도사리고 있다는 뜻이기도 하다. 좋은 정보들은 여기저기에서 품앗이하듯 다 모아서 가져가면서 정작 자신의 정보는 상대방에게 절대 공유하지 않는다. 그뿐만 아니라 얻어간 그 정보를 가지고 자신의 아이가 더 유리한 고지에 도달할 수 있게끔 물불 안 가리고 휘젓고 다니는 엄마들도 많이 보았다. 과외선생님 번호를 알려 주면 그 과외선생님의 시간을 혼자 독점한다든가 학원 정보를 가르쳐 주면 그 학원의 시간표들을 독점하려 들기도 한다.

거기서 끝나는 게 아니다. 간혹, 소개해 준 엄마의 시간표까지 빼앗으려 드는 비양심적인 그녀들도 있었다. 또한, 정보를 다 받아 가고 고맙다는 사례조차 없다. 사례는 오직 과외선생님께만. 일부의 엄마들은 소개해 준 상대방에 대한 고마움을 전혀 모른다. 행여나 잘 되도 자기 탓. 혹시나 선생님이 안 맞으면? 그때는 소개해 준 엄마 탓이 되는 것 이다. 이런 일을 몇 번 겪고 나니 나 역시 쉽게 좋은 정보를 풀지 않게 됐다. 언젠가 고스란히 그 화살이 내게로 돌아올 것임을 잘 알고 있기에.

처음 몇 번이야 상대방 엄마들도 선의의 차원에서 오픈해 줄 수는 있지만 그 엄마의 실체가 탄로 나면 그 후론 어림도 없다. 어느 날부턴가 다들 입에 지퍼를 달고 그 엄마가 나타나면 슬슬 견제하기 시작한다. 결국 꼬리가 길면 잡힌다고 하지 않는가. 여기서 가장 심각한 문제는 그 엄마는 자신이 그런 엄마라는 것을 전혀 모른다는 사실이다. 일단, 누구 하나 옆에서 따뜻하게 조언해 주는 사람이 없었고, 다들 그녀를 피하기만 했다. 그래서 그녀는 같은 실수를 끊임없이 반복하며 결국, 은따의 길로 접어들게 됐다.

어느 날, 앤디 엄마가 로빈 엄마에게 영어 과외수업을 소개해 줬다. 그런데 앤디 엄마가 입테 시즌을 앞두고 과외 횟수를 늘리려고 상담을 했다가 선생님께 거절을 당했다. 더 이상 개인 시간이 없다는 이유였다. 알고 보니 로빈 엄마가 영어 과외를 주5 회나 하고 있었고, 덕분에 앤디 엄마는 본인의 과외 선생님을 로빈에게 양보하게 된 셈이었다. 그 사실을 깨닫고 앤디 엄마는 매우 황당했다. 왜냐하면 자신은 그동안 경제적 형편상 주 2회밖에 하지 못했기 때문이다. 그런데 앤디 엄마는 주5 회나 과외를 하고 있으면서도 정작 소개시켜준 자신에게는 아무 얘기도 하지 않았던 것이다.

그때서야 비로소 그녀는 후회하기 시작했다. 로빈 엄마가 딱히 대놓고 잘못한 점은 없었으나, 묘하게 기분이 상하는 건 어쩔 수 없는 인간 본연의 심리다. 이는 분명 앤디 엄마가 옹졸해서가 아니었다. 이 엄마 입장에서는 분명 속상한 일이었지만 그렇다고 해서 따질 일도 아니었다.

그 후로 그녀는 로빈 엄마에게 어떤 정보도 주기 싫어졌다며 투덜거렸다. 그리고 앤디 엄마가 진짜 실망했던 건 그녀가 소개해 준 자신에 대한 어떤 배려심도 없었고 이기적으로 본인의 입장만 생각했기 때문이라고 했다. 더군다나 소개해줘서 고맙다는 밥 한 끼도 얻어먹지 못한 그녀였다. 얼마나 서운했을지 그 심정이 이해됐다. 돈이 많아서 과외를 여러 번 한다는데, 뭐 그럴 수도 있겠다. 하지만 한 번쯤은 소개해 준 상대방의 입장을 고려했어야 현명한 처사다.

유초등 때 그런 얌체 이미지로 낙인찍혀 버려서, 정작 중고등 입시에서 중요한 정보들을 놓치게 되는 경우들도 많다. 소탐대실이라고, 작은 것을 탐하다가 큰 깃을 잃고 싶지 않다면 상부상조하는 정신을 길러야 할 것이다.

그리고, 솔직히 그런 엄마의 아이들이 잘되는 경우는 거의 드물다. 보통 그런 성향을 가진 엄마들은 자존감이 낮은 경우들이 대부분인데, 아이 역시 그런 부모의 모습을 고스란히 닮은 경우들이 많기 때문이다. 늘 자신의 선택에 대해서 자신이 없어 본인도 모르는 사이에 그런 양상이 나타나는 경우들이 대부분이다. 하지만 자존감 높은 엄마들은 절대로 그렇게 행동하지 않는다. 나 자신과 내 아이를 믿기 때문에 굳이 그렇게까지 비열하게 행동하지 않는다.

상대는 나보다 더 똑똑한 사람들이다. 그녀들이 바보일 거라고 생각하지 말자. 어쩌면 당신의 머리 위에서 당신을 꿰뚫어 보고 있을지도 모른다. 인간관계의 기본은 진정성이다. 한번 신뢰를 잃은 엄마는, 누구도 상대하려 들지 않을 것이다. 어느 날, 갑자기 주변 사람들이 멀어지길 바라지 않는다면, 부디 이렇게 얌체 같은 엄마는 되지 말자.

반면, 현모 제인 엄마는 로빈 엄마와는 달랐다. 제인 엄마 역시 앤디 엄마에게 같은 과외 선생님의 연락처를 받았고, 연락처를 얻자마자 커피 쿠폰을 보내면서 감사의 표시를 먼저 드러냈다. 그리고 앤디 엄마와 요일이 겹치지 않도록 선생님께 양해를 구하고, 앤디 엄마가 소개해 줬다고 충분히 어필해 드렸다. 또한, 소개해 준 엄마의 입장이 난처하지 않게 최대한 예의를 갖추어 선생님을 대했다. 혹시나 내 아이와 잘 맞지 않아도 조용히 그만두고 말지, 앤디 엄마에게 절대 투덜거리지 않았다. 어디까지나 내 아이의 성향과 안 맞았던 거지 선생님 자체에 문제가 있었던 것은 아니기 때문이다. 그렇게 항상 감사할 줄 알며 객관적인 시선과 잣대를 가지고 있는 엄마였다. 나는 그런 제인 엄마의 태도를 통해서 또 한 번 삶의 지혜를 배울 수 있었다.

시샘하지 말자

◆◆◆

학원가를 다니다 보면 자신의 아이보다 공부 잘하는 아이들을 시샘하는 엄마들을 정말 많이 볼 수 있다. 그런데 슬픈 사실은, 그녀들은 본인의 그 마음이 시샘인지 전혀 인지하지 못하고 있다는 점이다. 본인은 그런 사람이 아니며, 그럴 리가 없다고 생각하지만, 들춰보면 시샘에서 비롯된 행동들이 맞다. 그리고 그 시샘으로 인해 사이가 좋았던 그녀들이 어느 날 갑자기 멀어지는 일들도 비일비재하다.

비슷하다고 생각했던 케이가 어느 날 자신의 아이를 앞선다고 생각되면 슬슬 그 엄마의 단점이 보이기 시작한다. 그렇게 좋았던 사이들도, 그때부터 본격적으로 틀어지기 시작하는 것이다. 물론, 아주 사소한 사건들로 인하여. 케이 엄마는 평소와 다름없이 행동함에도 불구하고, 갑자기 그녀가 알미워 보이기 시작하고 말 한마디 한마디에도 안 좋은 의미를 부여하기 시작한다. 그렇게 점점 그녀들은 멀어지기 시작한다.

여자들의 시샘은 끝이 없다고 한다. 오죽하면 관속에 들어갈 때까지 그 시샘을 가져간다는 말이 있겠는가. 학창 시절을 떠올려보자. 여자 친구들 집단에서 얼마나 많은 유치한 시샘과 질투들이 존재했는지. 이는 대여섯 살 여자아이들과 별반 다를 게 없다. 성인이 되어도 그 미성숙한 심리는 여전히 계속되고 있다고 생각하면 된다. 하지만 그 집 아이가 거기까지 올라갔을 때는 피나는 노력을 했을 것이다. 가슴에 손을 얹고 우리 집 애가 그만큼의 노력을 했는지 돌이켜 보자.

솔직히 그게 아니라면 시샘할 자격도 없는 것이다. 우리 집 아이가 매일 놀다가 잘 때, 그 집 아이는 의자에 엉덩이를 붙여가며 밤새도록 공부했을 것이다. 그런 그 친구의 노력을 인정해 주지는 못할망정, 최소한 어깃장은 부리지 말자. 차라리 그 노력을 들여다봐 주고 닮아가는 게 현명하지 않을까.

지혜로운 엄마들은 나보다 나은 친구를 시샘하지 않는다. 오히려, 자신의 아이들을 성장하는 그 친구와 붙여놓고, 곁에서 좋은 영향을 받기를 원한다. 엄마의 어리석음으로 인해 훌륭한 동료를 잃는 행위는 하지 말아야 할 것이다. 끊임없이 시샘하게 되면, 결국 내 아이에게 그 감정이 고스란히 전달될 것이고, 그럴수록 아이와의 사이는 점점 멀어질 것이다. 나와 별 상관도 없는 그 사람들 때문에 왜 내 아이가 고스란히 피해를 입어야 할까.

물론 인간이기에 부러운 마음이 드는 건 사실이다. 그 마음까지는 어쩌지 못한다 해도, 적어도 어깃장을 놓거나 내 아이에게 감정적으로 손해를 입힐 필요는 없는 것이다. 본인도 모르는 사이에 사악한 마음이 올라오기 시작한다면, 차라리 상대방 엄마와 거리두기를 시작하자. 그리고 내 자존 감이 이느 정도 회복됐을 때 다시 연락을 취하는 것도 나쁜 방법은 아니라고 생각한다.

그 친구가 빛날 때가 있고, 내 아이가 반짝일 때가 있는 것이다. 아이들은 저마다 각자의 때가 있다. 남들이 피우는 꽃을 쳐다보며 부러워하지 말고, 차라리 그 시간에 내 아이에게 한 번 더 집중하고 정성껏 물을 주는 건 어떨까.

그러한 서로의 시샘으로 인해, 찰스 엄마와 마이클 엄마는 서로 사이가 좋지 않다. 그런데 찰스 엄마는 타고난 사회성으로 사람들과 쉽게 친해지는 반면, 마이클 엄마는 내향형이라서 엄마들에게 쉽게 다가가지 못한다. 한 집단에 두 엄마가 동시에 등장했다. 이럴 때 손해 보는 건 바로 마이클 엄마일 것이다.

이미 찰스 엄마는 주변 사람들을 거의 다 포섭했다. 마치 정치를 하듯 줄줄이 본인의 라인을 형성해 뒀다. 그렇게 조리돌림 아닌 조리돌림이 은 근히 시작됐다. 소위 '은따'라고도 하는 그 조리돌림은 여전히 엄마들 집단 사이에서도 존재하고 있다.

찰스 엄마의 눈치를 보느라, 주변 엄마들은 마이클 엄마와 친하게 지내지 못한다. 더군다나 그 집 애가 공부까지 잘한다면 마이클 엄마의 입지는 더 불리해지는 것이다. 너무 유치하지 않은가. 이런 짓은 정말 초등학교 때나 보던 건데. 나잇살이나 먹은 지금 내 눈앞에서도 떡하니 펼쳐지니 말이다. 드라마가 괜히 나오는 게 아니었다. 부끄럽지만, 드라마가 현실이었다.

한 사람을 매장시켜 버리는 그런 엄마들이 과연 양심이란 게 존재하는 걸까. 문득 그런 생각이 들었다.

이런 상황에서 가장 현명한 엄마들은 항상 중립을 유지하곤 한다. 그리고 살아보니 그게 맞는 거였다. 자칫 섣불리 찰스 엄마의 라인에 섰다가 훗날 마이클 엄마가 더 유리한 고지에 서게 됐을 때, 뒤늦은 미안함에 고개도 못 드는 일들이 생길 수가 있기 때문이다. 나는 실제로 서로의 상황이 역전돼서 그 엄마들의 정치판이 아주 재밌어지는 에피소드들도 많이 보았다.

어렸을 때 주의할 점은, 누구의 라인에도 함부로 서지 않는 것이다. 섣불리 편을 들지도 말고, 함부로 색안경을 끼지도 말아야 한다. 그렇게 늘 중도의 자세를 갖는 게 가장 현명하다고 생각한다. 혹시나 누군가가 본인의 정치 라인을 형성하려고 애쓴다면, 조용히 그녀와 거리를 두자. 그 엄마 때문에 우리 아이의 발목이 잡히는 경우들이 생길 수가 있기 때문이다.

생각해 보라. 쓸데없이 찰스 엄마 라인에 섰다가 두고두고 마이클 엄마에게 찍혀서 좋을 게 뭐가 있겠는가. 그러다가 갑자기 생각지도 못한 마이클의 도움을 받아야 하는 상황이 생긴다면? 땅을 치고 후회할 수도 있다.

실례로, 로빈 엄마는 먼저 의대를 보낸 스티븐 엄마 아들의 의대 생활기록부가 궁금했으나, 과거에 스티븐 엄마에게 실수했던 전적이 있어서 감히 언감생심 부탁도 못 해봤다고 한다. 아이들은 수도 없이 변하고 성장한다. 어제의 꼴찌가 내일의 1등이 될 수도 있다. 부디, 섣불리 판단해서 경솔하게 행동하는 과오들을 범하지 말자.

입시란, 끝날 때까지 끝난 게 아니기 때문이다.

분위기 파악을 하자

❖

농구장에서 삼삼오오 둘러앉아 아이를 응원하고 있는데 저 멀리서 걸어 들어오는 초미니스커트의 그녀. 엄마들 기함하며 "어떡해, 저 엄마, 다 보일 거 같아." 농구 선생님들도 한 번씩 그녀를 쳐다보며 민망해하는 표정이 역력하다.

키 크고 늘씬하다면 그나마 조금은 봐 줄 수 있겠는데, 그녀는 누가 봐도 눈살을 찌푸릴 정도의 몸매 위에 초미니 플레어스커트를 둘러 입고, 농구장 한가운데를 당당하게 활보하며 자기 아들에게로 다가간다. 보다 못한 팀원 엄마가 그녀에게 넌지시 너무 짧지 않냐고 한마디 했더니, 무슨 상관이냐며 오히려 화를 낸다.

물론, 요즘 젊은 MZ 엄마들, 예쁘고 잘 꾸미고 다니기 때문에 참 보기 좋을 때도 많지만, 때와 장소를 구별하도록 해야 한다. 나 역시 아이가 어렸던 몇 년 전까지만 해도 가끔은 멋 부리고 싶은 어린 마음에 핫팬츠도

입어보고, 몸매라인이 드러나는 원피스도 입고 다녔다. 지금 생각해보면 선배 엄마들이 눈살 꽤 찌푸렸겠구나도 싶다.

학원가에는 사춘기 남자아이들도 많고, 남자 선생님들도 많이 존재하기 때문에, 너무 노출이 심한 옷들은 상대방에게 부담을 안겨 줄 수가 있다. 그리고 지나친 멋 부림은 엄마들 사이에서도 자칫 오해를 불러일으키기도 한다. 내가 아무리 트렌드에 앞서는 MZ 엄마라도 상대방은 MZ가 아니다. 공교육이나 사교육은 다소 보수적인 집단들이기 때문에 그것을 이해해 줄 사람들이 많지 않다고 생각하면 된다. 그리고 우리는 그것을 매너, 에티켓이라고 부른다. 부디, 부담스러운 노출은 삼가도록 하자.

내가 어렸을 때, 우리 친정엄마는 늘 화장을 거의 하지 않은 채, 아주 프리한 옷차림으로 학교 앞을 오가곤 하셨다. 그때는 어린 마음에 엄마의 그런 무성의한 태도가 얼마나 부끄러웠는지. 반면 친구의 어머님은 항상 곱게 화장하시고, 세미 정장 차림으로 학교를 다녀가셨다. 그 모습이 얼마나 부러웠는지 모른다. 어른이 된 지금은 나도 만사 귀찮아져서 우리 친정엄마의 마음이 백번 이해되지만, 그 시절에는 나도 나름 사춘기였나보다.

나 역시, 일상에 지쳐서 잘 씻지도 못하고, 캡모자 푹 눌러쓰고 아이를 배웅하러 나갈 때가 많다. 그럴 때마다 그 시절에 내가 느꼈던 감정들을 다시 상기시켜 보며 반성하곤 한다.

실제로, 소피아 엄마는 소피아에게 엄마가 안 꾸미고 오면 창피하니까 학교에 오지 말라는 소리까지 들었다고 한다. 아마도 요즘 아이들은 그때보다 더하지 않을까? 조금은 귀찮아도, 아이에게 엄마의 단정한 모습들을 더 많이 보여주도록 해야겠다.

해마다 학기 초가 되면 여기저기에서 학부모 모임이 줄기차게 이어지곤 한다. 총회, 반 모임, 등등 엄마들의 모임은 늘 부담스러운 자리다. 하지만 그런 부담스러운 자리에도 유독 튀는 엄마들은 항상 존재하기 마련이다. 지나치게 자식 자랑을 한다던가, 자꾸 분위기에 맞지 않는 화제로 전환해서 그 시간에 물을 흐리는 엄마들도 많이 보았다. 다들 대놓고 내색은 하지 않지만 속으로는 그녀의 첫인상을 기억하고 있다.

요즘 엄마들은 꾸안꾸 패션을 즐겨 입는다. 지나치게 화려한 엄마들을 잘 보지 못했다. 아이 교육을 위해서 몰려든 집단이라서 그런지 의외로 수수하고, 깔끔한 패션을 즐겨 입곤 한다. 때문에 어쩌다 화려한 패션의 그녀가 등장한다면 당연히 튈 수밖에 없는 것이다.

오늘은 내 남은 날 중에 가장 젊고 예쁜 날이기도 하니까. 나 자신을 조금 더 소중하게 가꾸고, 먼 훗날, 내 아이의 기억에도 항상 깔끔하고 예뻤던 엄마로, 좋은 향이 은은하게 풍겼던 그런 엄마로 기억되길 바란다. 여자가 마흔이 되면 자신의 얼굴에 책임을 져야 한다고 했다. 오늘, 당신은 상대방에게 어떤 엄마로 보이길 소망하는가.

이 밖에도 분위기 파악을 못 해서 실수하는 사례들은 비일비재하다. 줄리아 엄마는 학군지에서 가장 좋은 단지 내에 자가로 거주하고 있다. 시댁이 잘 살아서 신혼 때부터 경제적으로 항상 여유롭다.

반면 소피아네 집은 맞은편 빌라촌이다. 서울에 올라온 지 얼마 안 돼서 아직 자립을 하지 못한 상태다. 하지만 교육을 중요시하는 부부이기에 나름대로 확실한 교육관을 가지고 소피아를 잘 키워내고 싶은 마음에 학군지에서 성실하게 아이를 교육시키고 있다.

그런데 줄리아 엄마는 그 동네의 최고 좋은 아파트에 살고 있다는 자부심이 상당했다. 그래서 경제적으로 자신보다 좀 열악한 사람들을 보면 자신도 모르는 사이에 업신여기는 태도를 드러내곤 했다.

반 모임이 있던 어느 날,

"ㅇㅇ중학교에서 둘이 사귀었는데 ㅇㅇ빌라 사는 여자애가 ㅇㅇ팰리스 사는 남자애를 찼지 뭐예요. 언감생심 감지덕지하지 감히 누굴 찬대요!"

그녀의 그 한마디에 분위기가 급 싸해졌고, 일부 엄마들의 표정이 굳어지기 시작했다.

"ㅇㅇ빌라 사는 애들은, 거절하면 안 되는 이유라도 있나요?"

아뿔싸. 그녀도 모르게 본심이 흘러나오면서 주워 담을 수 없는 실수를 하고 만 것이다.

그녀뿐만 아니라, 많은 엄마들이 나름대로 자신들만의 경제적 계급을 정하고 자신보다 못하는 위치에 처해 있다고 판단하면 종종 무시하는 태도를 보이기도 한다.

그런데 알고 고니 소피아네는 단지 집만 빌라촌일 뿐, 추후 양가에서 물려받을 자산이 줄리아네의 몇 배나 되었다. 몇 년 뒤, 소피아네는 줄리아네 아파트에서 가장 넓은 평수로 이사를 하게 된다. 그렇다면, 그때부터 줄리아 엄마의 경제적 계급은 소피아 엄마의 계급 아래로 하강해야 맞는 걸까?

누구에게나 돈은 있다가도 없고, 없다가도 또 생길 수 있는 것이다. 당장 눈앞에 보이는 조건들로 상대를 함부로 폄하하지 말아야 할 것이다. 이는 결국, 자신이 정한 기준의 덫에 자기가 걸려드는 셈이다.

반면, 줄리아 엄마와는 달리, 자신의 신분을 감추고 오히려 평범한 척하는 엄마들도 종종 있었다. 의사 임에도 불구하고 주목받기 싫어서 일부러 겸손하게 자신을 드러내지 않았던 로빈 엄마.

나는 그 둘의 상반된 모습들을 보면서 벼는 익을수록 고개를 숙인다는 속담이 떠올랐다. 물론 요즘은 시대가 많이 변했고, 자기 홍보의 분위기가 만연하지만 한 가지 분명한 사실은, 자신을 드러냄으로 인해서 타인에게 불편한 마음을 준다면 그 행위는 자제해야 마땅하다는 것이다.

당신의 앞에 있는 그녀들의 마음속엔 항상 천사와 악마가 대립적 구도로 들어앉아 있다. 그 둘 중에서 누구를 깨워서 대화할지는 당신의 선택에 달렸다. 나는 그녀들의 천사들만 깨우기로 결심했다. 부디, 천사일 수 있는 상대를 악마로 만들지 말라. 그 또한 당신의 선택이다.

사춘기는 내 아이에게도 찾아온다

◆―◆―◆

오늘도 삼삼오오 커피숍에 모인 그녀들은 저마다 다른 집 아이들 얘기를 하느라 정신이 없다.

"토머슨은 벌써 사춘기가 와서 집 앞에서 엄마한테 반항을 하는데, 와 장난 아니더라고요. 제이슨한테 절대 놀지 말라고 했잖아요."

참으로 기가 막히고 어이가 없다. 이는 마치 자신의 아이는 사춘기가 오지 않을 것을 확신하는 소리처럼 들렸다. 이처럼 엄마들은 아이들이 사춘기에 매우 민감하다. 하지만, 누구에게나 그 시기는 찾아온다. GR 총량의 법칙에 따라서 마치 랜덤박스에 걸린 것처럼, 내 아이에게도 한 번쯤은 그분이 찾아오기 마련이다. 단지 토머슨에게 먼저 그분이 오셨을 뿐. 다음 차례는 우리 아이가 될 수도 있는 거다. 반대로 우리 아이가 사춘기에 진입했다고 해서 다들 피한다고 생각해 보라. 얼마나 억울한 상황이겠는지.

한 아이를 제대로 성장시키기 위해서는 그 마을의 모든 사람들이 함께 힘써줘야 한다고 했다. 사춘기 질풍노도의 아이들을 외면하고 등한시할 게 아니라, 다들 따뜻한 시선으로 보듬어주고 그 시기가 유하게 지나갈 수 있도록 도와주어야 한다.

그 시기가 조금 늦어지는 것뿐인데 자신의 아이에게 사춘기가 전염될까 봐 피해야겠다니. 얼마나 어리석은 언행인가. 화살은 돌고 돈다. 결국 자신의 아이가 고스란히 그 벌을 받게 되어 있다. 살다 보니, 내 입에서 나온 그 말이 결국 내 아이의 귀에 들어가는 일들도 비일비재했다. 아, 이래서 말을 조심하라고 하는구나, 뼈저리게 느끼면서 살고 있다.

오늘의 토머슨이 내일의 우리 아이가 될지도 모른다. 남의 집 아이의 안 좋은 얘기들은 가능하면 입에 담지 말도록 하자. 입 밖으로 꺼내는 순간, 고스란히 우리 아이에게 다시 그 화살이 날아올 수도 있다는 점을 잊지 말자.

인간관계, 진정성은 기본이다

◆◆◆

톰 엄마는 오늘도 부랴부랴 학원으로 톰을 데리고 이동한다. 그때 딱 마주친 마이클 엄마.

"어머, 이 학원 다니세요?"

"아니요…. 잠시 이 건물에 볼일이 있어서요…."

그녀와 헤어진 후 마이클 엄마는 기가 막혔다. 그녀는 톰이 이 학원에 다니고 있다는 것을 진작에 알았으나, 단지 아는 척을 안 했을 뿐이다. 그런데 지금은 면전에서 맞닥뜨리지 않았는가. 그게 무슨 대단한 정보라고 자신을 속이는지 이해할 수가 없었다. 앞으로 그녀의 어디까지 믿어줘야 할지 잠시 혼선이 왔다.

그렇다. 생각보다 이렇게 사소한 거짓말을 하는 엄마들은 엄청나게 많다. 하지만 그렇게 한번 거짓말이 탄로 나면 그녀의 신뢰는 곧 바닥으로 떨어지게 마련이다. 이제 더 이상 그녀에게는 어떤 진실도 캐묻고 싶어지지 않는다. 그리고 다시는 팀으로 엮이지도 말아야지 결심한다. 왜냐하면 그녀는 또 거짓말만 술술 늘어놓을 것이 뻔하기 때문이다.

오늘은 경시대회 발표가 있는 날이다. 엘라는 시험을 잘 보지 못했다. 그런데 제인 엄마에게 제인이 상을 받았다는 메시지가 날아온다. 순간 어떡하지? 고민하다가, 엘라 엄마는 엘라도 경시 상을 받았다고 거짓말을 해버렸다. 하지만 몇 달 뒤, 그녀의 거짓말들은 들통나고 만다. 학교 측 명단에서 그녀의 아이가 없다는 사실을 알고 엄마들은 그녀를 마녀사냥하기 시작했다. 거짓말하는 엄마로 몰아가며 다시는 상대하지 않기로 말이다.

이 역시 흔하게 볼 수 있는 에피소드다. 엘라 엄마는 순간의 거짓 자존감을 위해 거짓말을 하고 말았던 것이다. 그렇지만 거짓말은 언젠간 반드시 들통나기 마련이다. 그리고 생각보다 그 파장은 상당히 크다.

얼마 전 한 단톡방에서 어떤 사람이 자신의 신분을 속이고, 여러 사람들에게 컨설팅 상담비를 받으며 상담했다는 이유로 난리가 난 적이 있었다. 여기서 한 가지 의문점은 그곳은 분명히 익명방이었는데 대체 그 사람의 무엇을 믿고 그녀들은 그렇게 과감히 베팅을 했던 것일까. 얼굴도 본 적이 없고, 신원을 전혀 알 수 없었던 상황에서 단지 그 사람의 현란한 입시 정보들만을 믿고 속아 넘어간 것이었다.

그렇게 엄마들의 간절함을 이용하려는 못된 사람들이 생각보다 많다는 사실에 나는 또 한 번 놀랐다. 나는 익명 단톡방에서조차도 거짓말은 하지 말아야 한다고 생각한다. 왜냐하면 거짓말은 습관으로 이어지는 법이라 그 한번이 열 번, 스무 번이 된다는 것을 알고 있기 때문이다.

사람과 사람이 만나서 인연을 만들어갈 때, 솔직함은 기본이다. 그 거짓 말로 인해 내 아이가 엄청나게 승승장구하는 게 아니라면 자제하도록 하자. 사람이 아홉 번을 정직해도, 한 번의 거짓말로 인해 그 신뢰를 잃곤 한다. 모든 정보를 오픈할 필요도 없겠지만, 별것 아니라면 애써 숨길 이유도 없을 것이다. 그리고 생각보다 엄마들 소문은 엄청나게 빨라서 거짓말하는 엄마의 이미지로 낙인찍히는 건 시간 문제일 수도 있다.

아이들 친구의 엄마로 만나서 평생 친한 친구로 지내는 엄마들도 많이 있다. 입시가 끝남과 동시에 이사를 가거나 그곳에서의 인간관계를 정리할 게 아니라면, 부디, 서로에게 진정성 있게 다가가도록 하자.

얼마 전, 여든쯤 되신 할머님께서 여든다섯 살의 할머님의 마음을 얻기 위해 부단히 노력하는 모습을 본 적이 있다. 그분들을 보면서 느낀 점은 사람은 나이가 들어서 생을 마감하기 직전까지도 외로운 존재라는 것이다. 늦은 나이에 새로운 인연을 갈구하는 사람이 되지 않으려면 지금 곁에 있는 사람들을 잘 관리해 보는 것은 어떨까.

공주병을 조심하자

———◆◆◆———

언제나 늘 모든 과목의 탑반만 골라 다니던 제인. 어느 날, 컨디션이 좋지 않았는지 두 번째 반을 배정받게 되고, 제인의 엄마는 충격을 받게 된다. 한 번도 제인이 그런 성적을 받은 적이 없기 때문이었다. 그녀는 중학교 때까지 늘 넘사벽이었기 때문에 여태껏 누군가에게 추월당해 본 적이 없었다.

으레 그러하듯 자존심이 상한 제인 엄마는 그 학원을 결국 포기하게 된다. 몇 달 뒤 다시 그 학원의 탑반을 들어가기 위해서 부단히 노력했지만 이미 기존 학생들 위주로 구성해 놓은 상태였기 때문에 또 그 반을 들어갈 수 없었고, 이번엔 지난번보다 더 못한 레벨이 나와버렸다. 비로소 제인 엄마는 첫 시험에서 등록하지 않은 자신을 자책했다.

몇 달 새 1등으로 탑반을 찍고 들어간 데이빗에게 엄마들의 관심이 쏠렸고, 데이빗 엄마에게 정보를 받기 위해 다들 몰려들기 시작했다.

이제 엄마들은 제인에 대한 관심이 슬슬 사라지기 시작했고, 제인 엄마는 매우 충격을 받았다.

그도 그럴 것이 그녀는 늘 어딜 가나 왕비 대접을 받았다. 그녀의 정보를 얻기 위해 엄마들은 늘 한결같이 추앙해 주었고, 그녀의 아이와 같은 수업을 듣기 위해 애썼다.

어찌 보면 그녀는 일찌감치 공주병에 걸려 있었다고 해도 과언이 아니었다. 학창시절에도 키 크고 늘씬한 예쁜 여학생들은 늘 남학생들의 우대를 받지 않았는가. 항상 그녀 주위로 몰려들었고, 찬사를 받았으며 그런 대접이 늘 당연했던 그녀들은 결국 공주병의 경지에 이르기까지 했으니 말이다.

그렇게 어깨에 뽕을 달고, 슬슬 나르시시즘으로 향하던 어느 날, 그런 그녀들 앞에 더 아름답고 눈부신 또 다른 그녀가 나타난다. 주변 남자들의 관심은 점점 뉴페이스에게로 향하고, 실컷 공주병에 취해 있던 그녀의 패배감은 이루 말할 수 없게 된다.

나는 탑반 부심이 이와 별반 다르지 않음을 깨달았다. 이는 앞서 얘기한 소신과도 연관된 말이기도 하다. 과연 언제까지 내 아이가 제일 잘할 거라는 착각을 하면서 살 수 있을까.

그 달콤함은 라이벌의 등장과 동시에 산산이 사라지고 만다. 반면 평범했던 그녀들은 아무리 예쁜 전학생이 등장해도 전혀 감정의 동요가 없다. 그저 묵묵히 자신의 자리에서 개성을 뽐낼 뿐이었다.

학원가에서는 학원 레벨이 마치 아이들의 명함 같은 존재이기도 하다. 워낙에 학원가 시험이 어렵다 보니 성적의 잣대를 학원 성적을 기준으로 세워두는 것이다. 엄마들뿐만 아니라 아이들 역시 서로의 레벨에 민감해지는 이유이기도 하다.

그런데 매우 심각한 건 이런 현상들이 비단 중고등 학생들만의 이야기가 아니라는 사실이다. 꼬꼬마 대여섯 살들이 다니는 학원에서도 이런 비극적인 일들이 일어나고 있다. 믿고 싶지 않겠지만 사실이다. 아직 세상을 전혀 모르는 아가들이 엄마들의 이런 마음을 엿보고 닮아간다고 생각하니 안타깝다.

얼마 전 영화 〈4등〉을 보고 엄청난 충격을 받은 적이 있다. 거기에는 숫자에 집착하는 엄마들의 모습을 아주 리얼하게 그려내고 있었는데, 수단과 방법을 가리지 않고 단지 1등이면 된다는 그 엄마들의 마인드는 사교육 시장의 엄마들 모습들과 별반 다를 게 없어 보였다.

간혹가다 어떤 엄마들은 단지 탑반의 레벨을 갖기 위해서 입학 테스트지를 몰래 빼돌린 선생님들께 고액 과외를 받기도 한다. 하지만 이는 마치 엄마들의 자존심과 바꾼 거짓 자존감이라고 해도 과언이 아닐 것이다. 돈을 주고 관직을 사는 것과 무엇이 다르겠는가.

우리의 목표는 입시다. 눈앞의 학원 탑반이 아니라 수능까지 최고의 결과물을 내야 하는 것이 모두의 미션이다. 실패를 두려워하지 말자. 끊임없는 실패를 통해서 성장하고, 단단해진다는 사실을 잊지 말자. 공주병, 사랑은 내 가족들과 남편에게만 받아도 충분하지 않을까. 이런 엄마들은 실로 학원에 와서도 그 공주병을 고스란히 드러낸다.

오늘 또 A 학원 원장님은 표정이 몹시 안 좋다.

"무슨 일 있으세요?"

"어머님, 정말 젊은 엄마들 때문에 힘들어 죽겠어요."

"아, 또 엄마들 문제군요"

"세상에, 자기 애들만 조용히 잘 보내면 되지, 왜 남의 집 애까지 어깃장 놓으면서 시시콜콜 따지고 드시는지."

너무도 흔한 원장님들과의 대화다.

공주병인 줄리아 엄마는 잭이 이 학원에서 줄리아보다 앞서 나가는 게 몹시 못마땅했다. 그래서 사사건건 잭의 수업 진도를 체크하면서 원장님을 귀찮게 했다. 하지만 그녀는 팀 수업을 짜 와서 팀원들을 휘두르는 돼지엄마였기 때문에 쉽게 내치지도 못하는 상황이다.

그녀는 항상 잭의 상황과 스케줄을 체크하며 본인의 아이가 더 앞서갈 수 있도록 애쓰고 있다. 엄마의 마음은 이해하지만, 원장님 입장에서는 오늘도 너무 피곤한 대화일 뿐이다. 솔직히, 그런다고 잭을 따라갈 수 있을 실력도 안 되는데, 엄마가 너무 진상을 부리니 화가 난다. 자신의 아이를 객관화하지 못하고, 오늘은 심지어 왜 잭만 진도를 빠르게 나가는 거냐고, 우리 아이들도 더 빨리 나가 달라고 컴플레인까지 하고 갔다고 한다. 참으로 기가 막히는 대화들이었다. 내가 원장님이라도 저런 팀 엄마는 정말 받기 싫을 것 같다.

싫은 소리 하면 또 바로 아이들을 빼서 우르르 몰려 나갈 인격이란 걸 알기에 오늘도 그는 꾹 참고 그녀의 비위를 맞춰준다. 아이들만 잘 따라준다면 그도 얼마든지 진도를 더 빼줄 수 있지만 솔직히 줄리아 팀 아이들의 수학 능력치에 한계를 느낀다. 아무리 가르친다 해도 잭의 수학 머리를 따라갈 수는 없는데도 빨리 진도를 나가 달라고 성화다. 이게 다 무슨 의미가 있을까 싶지만, 지금 그녀들에겐 세상 심각한 문제인가 보다. 하긴, 여기는 입시 전쟁의 최전선이니까. 그녀들에게 잭은 그저 적군일 뿐이었다.

"원장님 그 친구는 이 학원에 받지 말아 주세요!"

거기서 끝이 아니다. 여기 더한 진상 엄마가 존재한다.

데이빗은 리아와 사이가 좋지 않다. 그래서 데이빗 엄마는 돼지엄마라는 명목 아래, 리아를 자신이 다니는 소규모 수학 학원에 들어오지 못하게 못을 박았다. 중간에서 원장님은 매우 난처하다. 리아 역시 자신의 주 고객이기 때문이다. 더군다나 잘하는 아이라 쉽게 내칠 수 있는 학생은 아니었다.

이런 일들은 실제로 학원가에 비일비재하다. 잘하는 친구들은 굳이 그 학원이 아니라도 잘할 수밖에 없다. 아무리 어깃장을 놓고 심술을 부려도 '할 놈 할, 될 놈 될'인 것이다.

내가 그 친구를 방해한다고 해서 그 친구가 자신의 길을 찾아가지 못할 거라고 착각하지 말자. 타고난 남의 인생과 운명을 나 하나 어깃장 놓는다고 해서 과연 달라질 수 있을까?

"원장님, 제 SNS에 홍보해 드릴 테니까 저희 아이 좀 잘 부탁드려요."

한 유명한 인플루언서가 한 학원에 와서 연신 부탁을 하면서 갔다.

"원장님 좋으시겠어요. 저분 엄청 유명하잖아요."

"좋기는요. 오히려 저런 분들이 더 빅마우스라서 행여나 자기 애가 잘 적응 못 하면 그 화살이 또 저에게 다 날아온다니까요. 극과 극의 상황이 펼쳐져요. 괜히 부담스러워요. 잘못되면 또 다 제 탓으로 돌아올까 봐요."

원장님의 말씀을 들으니 또 한편으로는 그 마음이 이해가 됐다. 어디에서나 빅마우스들은 존재하기 마련이다.

공생관계가 되지 않으면 적이 될 수도 있기에 늘 조심해야 하는 사람들도 있었다. 성적도 안 되는데 레벨을 올려줘야 한다든지, 나쁜 소문이 날까 봐 늘 그 아이에게는 신경이 쓰인다.

이처럼 부디, 자신의 입지와 권력을 이용해서 상대를 쥐락펴락하려고 하지 말자. 입시는 내 아이의 몫이다. 부모가 어느 정도까지의 길을 안내해 줄 수야 있겠지만, 결국, 아이 스스로 헤쳐 나가야 하는 모험인 것이다. 일일이 모든 일에 개입해서 내 아이의 근성을 약하게 만드는 일은 삼가도록 하자.

유난히도 비밀이 많은 학원가

❖◆❖

이사 온 지 얼마 안 된 수아 엄마는 도대체 어느 학원을 보내야 할지 막막하기만 하다. 그래서 문화센터에서 만난 엄마들에게 아이가 어느 학원을 다니냐고 대놓고 물어봤다가 엄청난 핀잔을 들었다고 한다.

"수아 엄마, 그런 거 대놓고 물어보는 거 실례예요. 아이들 실력에 따라서 천차만별인 동네라서 대답하기도 곤란하고요. 프라이버시잖아요."

아차, 그제야 본인의 실수를 인지한 수아 맘. 학군지에는 수많은 학원들이 존재하고 내 아이의 능력과 성향에 따라서 골라 다닐 수 있다는 장점이 있다. 이름만 대면 누구나 알법한 대형 학원들부터 구석구석에 숨어 있는 알짜배기 소형 학원들까지 그 종류와 목적도 참 다양하다. 그렇게 개인의 필요에 의해서 신중하게 선별한 학원이기 때문에 솔직히 오픈하는 것도 다들 쉬쉬하곤 한다. 그런 문화임을 알기에 굳이 묻지도 않는다. 그래서 가끔 공부 잘하는 아이가 어느 학원에 다니는지 너무 궁금한 나머지 미행까지 한다는 우스갯소리까지 나오지 않았는가.

엄마들이 이렇게 자기 얘기를 하지 않는 데에는 두 가지 이유가 있다. 하나는, 내 아이의 프라이버시가 누군가의 도마 위로 올려지길 바라지 않기 때문이다. 특히 최상위권 아이들은 그들의 프라이버시에 특히 예민하다. 왜냐하면 주변 엄마들이 주목하고 있고, 따라붙는 경우들도 많기 때문이다.

중등부터는 그 학교 전교 1등은 그 동네의 아이돌이 된다. 그만큼 모두의 관심 속에서 추앙받기 때문이다. 요즘 유행하는 노래는 몰라도 그 동네에서 누가 1등을 하는지는 초미의 관심사다. 전교 1등이 다니는 소형 학원들은 전화통에 불이 난다. 마치 그 친구가 그 학원을 다녀서 1등을 한 것처럼 엄마들은 득달같이 달려든다. 이 사실을 너무도 잘 알기에 본인의 프라이버시가 외부로 유출되는 것을 극도로 싫어하는 엄마들이 꽤 많다.

꼭 최상위권이 아니라도 본인의 학원 동선이나 성적이 외부로 알려지는 것에 대해서 민감하지 않을 엄마는 거의 없을 것이다.

두 번째 이유는 괜히 소개해 줬다가 낭패를 볼 수가 있기 때문이다.

로빈 엄마는 제니 엄마에게 바이올린 학원을 소개해 줬다. 로빈이 선생님을 좋아하고 잘 배우고 있었기 때문에 스스럼없이 연락처를 준 게 화근이었다. 제니 엄마는 처음에는 기분 좋게 바이올린 학원을 등록하더니 어느 날 갑자기 선생님의 약력을 묻기 시작하면서 잘 못 가르치는 것 같다고 투덜거렸다. 로빈 엄마는 마치 소개해 준 자신이 죄인이 된 것처럼 미안해지기까지 했다. 그 후론 두 번 다시 다른 사람들에게 섣불리 학원을 소개해 주지 않았다고 한다.

이러한 사실을 잘 몰랐던 수아 엄마는 몇 년이 지나서야 비로소 그녀들이 왜 그렇게 입이 무거웠는지 스스로 깨달을 수 있었다고 한다. 그 후로는 자급자족하거나 정말 아주 친한 선배 엄마들에게만 살짝씩 자문을 구하곤 했다.

그리고 학원가의 가장 중요한 정보들은 보통 원장님들이나 선생님들을 통해서 얻는 경우가 대부분이었기 때문에 엄마들의 정보 귀동냥에 너무 의지하지 않을 수 있었다고 한다. 대치동은 특히 각자가 서로의 프라이버시를 보호받기를 원한다. 그래서 서로 입이 무거워야만 한다. 팀원들의 비밀 보장은 필수.

오로라 엄마는 한참 누군가와 통화를 하더니 표정이 매우 좋지 않다. 무슨 일이냐고 물어보니 볼멘소리로 내게 하소연을 하기 시작했다.

"번번이 내가 대나무숲도 아니고, 꼭 동네 가십을 나한테 다 털어놓고 마지막에 가서는 비밀이라고 얘기하지 말래. 난 이거 입에 담고 있어야 되는 거지? 나도 이거 어디에다가 털어놓고 싶어지는데."

엄마들 사이에서 흔히 벌어지는 에피소드다. 스티븐 엄마가 로빈 엄마에게 본인이 들은 가십을 살짝 전달해 주면, 빅마우스 로빈 엄마는 바로 자신의 문어발 연락망을 이용해서 여기저기 다 떠벌리기 시작한다. 그렇게 가장 마지막으로 오로라 엄마의 차례까지 온 듯하다. 오로라 엄마는 입이 상당히 무거운 사람이었기 때문에 물론 더 이상의 가십이 퍼져나가지는 않을 것이다. 하지만 그녀는 번번이 너무 짜증이 난다. 비밀이면 혼자만 알고 있지, 굳이 나에게까지 털어놔서 짐을 하나 더 얹은 기분을 떨쳐버릴 수가 없기 때문이다.

상대방이야 비밀을 털어놓으니 속이 후련하겠지만, 막상 받아주는 입장에서는 여간 불쾌한 입장이 아닐 수 없다. 마치 내가 대나무숲이 된 것처럼 기분이 더럽기까지 하다. 왜 나는 알고 싶지 않은 가십들까지 다 떠안아야 하는 건지 짜증이 솟구친다.

한번은 오로라 엄마가 들었던 가십을 다른 엄마에게 전달했다가, 오로라 엄마의 입에서 나온 걸로 덤터기를 쓴 적도 있었다. 그 후로는 남의 얘기를 전달해 주는 사람들을 경멸한다.

그래서 들은 이야기들을 가급적이면 다른 곳으로 전달하지 않으려고 노력하고는 있지만, 이렇게 의도적으로 대나무숲을 만드는 엄마들을 보면 그 영악함에 치가 떨린다고 한다. 내 마음 편하자고 상대방의 마음을 무겁게 만드는 것과 무엇이 다르겠는가.

데이빗 엄마는 A 학원과 사이가 좋지 않다. 그런데 어느 날, 마이클 엄마로부터 그 학원 원장님이 데이빗 엄마의 뒷담화를 하고 다닌다는 소리를 듣고 적잖이 기분이 상했다.

물론, 자신의 험담을 하고 다닌 그 원장님에게도 화가 났지만, 더 화난건 전달해 주는 마이클 엄마였다. 굳이 얘기하지 않아도 될 일들을 전달해 주는 그녀의 저의는 무엇이었을까. 그녀의 속내를 다시금 의심해 보는 계기가 되었다고 한다. 이런 상황이 생기면 필자는 전달해 주는 그 엄마부터 의심해 보라고 얘기한다. 보통 현명한 사람들은 굳이 기분 나쁜 이야기들을 일부러 전달하지 않기 때문이다.

당신과 더 사이가 안 좋아지길 바란다거나, 위해주는 척하면서 속을 긁기 위한 수법일 수도 있으니 경계하자. 상대의 말에 놀아나서 더 큰 적들이 생기길 원하지 않는다면 당신에게 전달해 주는 그녀를 조심하라.

엄마들의 세계에서는 실제로 엄청난 가십이 떠돌아다닌다. 오늘은 A 학원 원장님 스캔들에 내일은 B 아빠의 불륜설까지 마치 증권시장이 따로 없다. 그리고 그 소문들은 보통 명확하지가 않다. 입에서 입으로 전달되어 부풀려진 것들이 대부분이었다.

도대체 사람들은 왜 이렇게 가십에 흥분하고, 끊임없이 말을 지어내는 것일까. 그럴 시간에 책이나 한 권 더 보고, 자기 계발에 조금 더 신경 쓴다면 더 멋진 내가 될 수 있지 않을까. 나 역시 조용히 반성해 본다.

'있다고 다 보여주지 말고, 안다고 다 말하지 말고,

가졌다고 다 빌려주지 말고, 들었다고 다 믿지 마라.'

셰익스피어의 4대 비극 중에서 리어왕의 명언이 절실하게 와닿는 순간이다.

아이와 동반 성장하는 엄마가 되자

대부분의 여성이 그토록 찬란한 이십 대를 거쳐 눈에 콩깍지가 잠시 씐 채로 결혼을 하고 분신 같은 아이를 출산하게 된다. 그리고 이제까지의 삶과는 180도 다른 또 다른 인생이 펼쳐진다. 나만을 바라봐주던 왕자님은 온데간데없이 사라지게 마련이고 나는 어느새 아이의 '시다바리'이자 남편의 이모님으로 둔갑해 있었다. '여긴 어디, 나는 누구?'

나는 내 리즈 시절이 너무도 그리워 종종 꿈을 꾸기도 한다. 꿈속에서의 나는 나비같이 자유로웠고 햇살같이 밝았다. 티끌 하나 없는 순수한 영혼이었고 세상 근심 걱정 없는 꿈도 많고 웃음도 많은 어여쁜 아가씨였다. 달콤한 꿈에 취해 있다가 아침에 눈을 뜨면 가끔씩은 그런 생각이 들기도 했다. '혹시 지금이 꿈이 아닐까, 꿈이라면 빨리 깨어서 나가자.'

그러다가 문득 거울을 보면 그 시절의 어여쁜 아가씨는 온데간데없고 웬 아줌마 하나가 주름 가득한 무표정으로 나를 바라보고 있다. 그렇다.

나는 그렇게 늙어가고 있었던 것이다. 신랑과 아이만 바라보면서 헌신하다가 그게 전부인 양, 마치 그것을 위해 태어난 운명인 양 살아왔다. 일부러 그렇게 살려고 애써 노력했던 것은 아니었으나 아이라는 존재는 어느새 나를 그토록 저만 바라보는 해바라기 엄마로 만들어 놓았다. 그리고 그런 삶들이 행복했다. 적어도 아이의 자아가 독립되기 이전까지는.

남편보다도 더 나만 바라봐주고 하루 종일 뽀뽀 해주는 아이는 정말 세상이 내게 준 또 하나의 선물 같았다. 그러던 아이가 이제는 슬슬 엄마의 둥지에서 벗어나기 위해 날갯짓을 한다. 저 혼자 세상 밖으로 나가서 탐색하고 또 다른 둥지에 가서 놀고 싶단다. 그렇게 아이는 건강한 독립을 하기 위해 준비하고 있었다.

그제야 번뜩 정신이 차려지면서 나도 나를 위한 또 다른 인생을 준비해야겠다는 생각이 들었다. 내 모든 것을 내어주는 나무처럼, 가시고기 엄마처럼 살아왔던 나는 그것이 마치 정답인 양 순응해 왔던 것 같다. 그런데 어느 날부턴가 엄마의 희생을 당연한 것으로 생각하는 아이를 보면서 조금씩 회의감이 들기 시작했다. '정신분석학자' 에리히 프롬은 자녀에게 모든 희생을 하려는 엄마의 태도가 오히려 아이를 더 잘못된 방향으로 이끌 수 있다고 말했다. 자칫 엄마의 수고를 당연한 것으로 생각하는 이기적인 아이로 만들 수도 있었던 것이다.

그래서 결심했다. 아이를 더 큰 둥지로 날려 보내는 대신, 나는 더 행복한 엄마로 살아야겠다고. 무조건적인 희생만을 보여주는 엄마의 모습 말고, 남은 생은 무언가를 위해 또다시 도전하고 나만의 멋진 삶을 사는 모습을 보여줘야겠다고.

가끔씩 출판을 위한 준비를 하고 있으면 아이가 못내 서운해하곤 한다. 이제까지는 본인만 바라보다가 엄마가 갑자기 또 다른 일을 하기 시작하니 아이 역시 당황한 기색이 역력하다. 십여 년을 해바라기처럼 바라보던 엄마였으니 지극히 당연한 현상이라고 생각한다. 하지만 이 또한 각자의 자아 발견을 위한 과도기쯤이라고 생각하고 겸허히 받아들이고 있다. 그렇게 나는 또 하나의 행복을 찾았고 벌써 두 권의 책을 집필했다.

아이 역시 성장하면서 이런 나의 모습을 보고 배워가는 부분들이 분명히 있을 거라고 생각하니 내심 뿌듯하기만 하다. 오늘은 어제보다 더 멋진 엄마가 될 수 있기를. 이제 나는 무조건적인 희생만이 아이를 행복하게 만들어주는 것이 아니라는 것을 잘 알고 있다. 속은 곪아 터질 대로 터졌으면서 아이 앞에서만 애써 방긋방긋 미소 짓는다고 해서 과연 좋은 엄마가 될 수 있을까.

지금에 와서 조금 후회되는 점은, 아이를 열심히 키우는 것도 중요했지만 틈틈이 나를 돌보는 시간도 중요했음을 느낀다. 열심히 공부해서 대학에 들어갔고, 고작 몇 년이라는 사회생활을 경험하고 결혼을 했다. 그리고 그렇게 아이를 낳아버렸으니, 어찌 보면 참 좋은 시절을 오롯이 내 아이를 위해서만 나를 다 던져버렸던 것이다. 사회인으로서의 골든 타임을 내 아이를 위해 쏟아부었으니 그 기대치와 집착 또한 높을 수밖에 없다.

하지만 굳이 그렇게까지 하지 않았어도 아이들은 잘 크지 않았을까. 행복하지 않은 엄마는 자기효능감과 자존감이 떨어진다는 연구 결과가 있다. 우리나라는 대대로 아이의 성공이 부모의 성공과 직결된다는 문화로 이어져 왔지만, 반드시 나를 희생하고 갈아 넣어야만 내 아이가 잘 성장하는 것은 아닌 것 같다. 앞으로는 교육에만 전전긍긍하고 안달복달하는 엄마의 모습보다는, 조금 더 즐겁고 행복한 표정들, 생동감 넘치는 삶의 태도들을 많이 보여줘야겠다는 생각이 들었다.

'네가 성적이 어떻게 나오든지 엄마는 괜찮아. 행복에는 전혀 지장이 없단다.' 이런 마인드로 살아가야 아이도 추후에 인생을 살아갈 때 좀 더 강한 멘탈로 살 수 있지 않을까. 마치 성적이 전부인 양 모든 근심 걱정을 아이에게 쏟아붓는다면, 그 아이의 공부 정서는 불 보듯 뻔할 것이다. 아이 성적은 성적이고, 나의 행복은 행복이다. 부디 아이의 성적과 내 인생의 행복을 결부시키지는 말자. 우리 아이들은 이제 그렇게 각자의 삶을 살아갈 것이다. 어느 정도까지는 엄마가 도움을 줄 수는 있지만 절대 이 아이들의 인생을 전부 대신 살아줄 수는 없다.

누구는 이십 대에 꽃을 피우기도 하고, 또 누구는 사십 대에 꽃을 피우기도 하듯이 아이들은 저마다 각자의 때가 있기 마련이다. 한 걸음만 더 멀리 떨어져서 조용히 기도해 주는, 그런 엄마가 되어야겠다고 다짐하면서 이 글을 마친다.

그렇게 내가 알고 있었던 것들을 당신도 알게 된다면, 내 아이 교육에 많은 도움이 될 수 있을 것이다. 우리 아이들의 눈부신 미래를 응원한다.

– 가을의 문턱에서, 저자 김민정 올림 –